AI와 직원 경험

인공지능총서

인공지능 시대입니다. 기계가 인간의 인지를 대신하고, 사물이 인간을 통하지 않고 다른 사물과 직접 커뮤니케이션합니다. 이에 따른 인간 삶과 문명 변화를 정확히 이해·예측·대응하는 것은 이 시대 우리 모두의 과제입니다. 인공지능총서는 인공지능 기술과 환경의 여러 주제를 10가지 키워드로 정리합니다. 관련 개념과 이론, 학계와 산업계의 쟁점, 우리 일상의 변화를 다룹니다. 인간과 기술의 현재, 미래를 세심히 분석합니다.

일러두기

- 인명, 작품명, 저서명, 개념어 등은 한글과 함께 괄호 안에 해당 국가의 원어를 병기했습니다.
- 외래어 표기는 현행 어문규정의 외래어표기법을 따랐습니다.

처음이세요?

전문가세요?

AI와 직원 경험

윤명훈

대한민국, 서울, 커뮤니케이션북스, 2025

AI와 직원 경험

지은이 윤명훈
펴낸이 박영률

초판 1쇄 펴낸날 2025년 11월 7일

커뮤니케이션북스(주)
출판 등록 2007년 8월 17일 제313-2007-000166호
02880 서울시 성북구 성북로 5-11
전화(02) 7474 001, 팩스(02) 736 5047
commbooks@commbooks.com
www.commbooks.com

ISBN 979-11-430-1178-7 03500

책값은 뒤표지에 표시되어 있습니다.

차례

새로운 감각의 시작, 직원 경험과 AI

직원 경험의 부상

직원은 빠른 속도로 '직장 내 소비자'가 돼 가고 있다. 과거의 직원이 주어진 환경에 적응하며 일하는 존재였다면, 지금의 직원은 경험을 평가하고 비교하는 소비자적 감각으로 조직을 바라본다. 단순히 급여를 받고 업무를 수행하는 것이 아니라, 조직이 어떤 가치를 주는지, 그 안에서 어떤 성장을 할 수 있는지를 끊임없이 탐색한다.

조직은 더 이상 내부 기준이 통용되지 않는다. 구성원은 조직 밖에서 형성된 감각과 기대, 비교 기준을 고스란히 안으로 들여온다. 경험의 기준이 외부에 있다는 사실은 조직의 시선만으로 구성원을 만족시키는 시대가 끝났음을 말해 준다. 내부 논리나 제도, 규정은 구성원에게 어떻게 '느껴지는지'가 더 중요해졌다.

밀레니얼과 Z세대는 과거처럼 순응하지 않는다. 묻고, 의심하고, 필요하면 말하고 떠난다. 자신이 이해받지 못한다고 느끼면 심리적 거리를 두고, 목소리를 낼 기회조차 없다면 조용히 이직을 선택한다. 이들에게 경험은 단순한 효율성이나 편의성을 넘는다. 리더의 말투, 회의 분위기, 커뮤니케이션의 투명성, 커리어의 방향성까지 일상의 모든 접점이 조직의 태도를 반영하는 신호가 된다.

좋은 인재는 언제나 부족하다. '적합한 사람'을 찾고 유지하는 일은 더 어려워졌다. 조직은 이제 구성원에게 '왜 이곳이어야 하는지'를 설득해야 한다. 몰입할 이유를 제공하지 못하면 인재는 머무르지 않는다. 이때 직원 경험은 조직이 제안할 수 있는 가장 지속 가능한 차별화 지점이 된다.

경험은 본질적으로 주관적이다. 같은 상황에서도 누군가는 성장을 느끼고, 또 다른 누군가는 고난을 느낀다. 경험은 사건 자체가 아니라, 그 사건을 해석하는 개인의 감정과 인식, 맥락의 총합이다. 제도나 절차가 아무리 잘 설계돼 있어도, 구성원이 어떻게 받아들이느냐에 따라 경험의 질은 완전히 달라진다. 직원 경험은 '무엇을 했는가'보다 '어떻게 느꼈는가'에 더 가까운 개념이다. 출발점은 구성원의 시선에 진심으로 귀 기울이는 것이다.

구성원은 '나만을 위한 경험'을 기대한다. 획일적인 제도나 복지는 점점 더 힘을 잃고 있다. 자신의 속도, 감정,

목표가 존중받고 있다는 감각이 중요해졌다. 조직이 이러한 맥락을 무시한 채 일괄적인 방식으로 대응하면, 구성원은 곧 자신이 하나의 부품처럼 취급된다고 느낀다. 반대로, 작고 사소한 것이라도 자신을 위한 배려가 느껴지는 순간, 감정적 유대감이 생긴다. 그 유대감이 조직에 머무를 이유가 된다.

세상은 점점 더 투명해지고 있다. 일터에서의 경험은 더 이상 조직 안에 머물지 않는다. 구성원의 목소리는 링크드인, 블라인드, 유튜브, 인스타그램, 카카오톡 등 다양한 경로를 통해 외부로 퍼져 나간다. 직원 경험은 내부의 문제가 아니라 브랜드이자 명함이며, 조직의 내일을 좌우하는 변수로 자리 잡았다. 좋은 회사라는 말은 내부가 아니라 외부에서 만들어진다. 평판은 경험의 총합에서 비롯된다.

조직은 자문해야 한다. 구성원이 경험하는 모든 순간에 대해 조직은 얼마나 민감한가? 그 경험은 구성원에게 어떤 감정을 남기는가? 일 잘하는 회사보다, 일하고 싶은 회사가 되기 위해 조직은 어떤 감각을 설계하고 있는가?

직원 경험이란 무엇인가

직원 경험은 고객 경험 관리(Customer Experience Management)에서 비롯됐다. 기업이 외부 고객을 이해하고 만족시키기 위해 수많은 자원을 투자하듯, 이제는 내부 고객인 직원을 중심에 둬야 한다는 문제의식이 싹텄다. 조직이 구성원을 바라보는 관점도 함께 진화했다. 초기에는 직원을 단순히 노동을 제공받는 대상으로 간주하며, 효용성(utility)의 관점이 지배적이었다. 이후에는 더 많은 업무를 빠르게 처리하게 만드는 생산성(productivity)의 프레임으로 옮겨 갔다. 다음은 직원의 감정을 고려해 몰입(employee engagement)을 이끌어내는 시도로 이어졌다. 그러나 직원 몰입은 여전히 조직 중심적 시각에 머무는 경우가 많았다. 최근에 이르러서야 직원의 자발성과 감정, 의미 추구를 조직이 의도적으로 설계해야 한다는 패러다임으로 전환됐고, 그 중심에 '직원 경험'이라는 개념이 자리하게 됐다.

직원 경험은 직원이 스스로 '출근하고 싶은 회사'라고 말할 수 있는지를 고민하는 일이며, 무엇을 느끼고 있는지를 중심에 두는 새로운 접근이다. 이 경험은 단순한 만족이 아니라 구성원이 자율성과 통제감을 갖고 자신의 역량을 발휘하며, 조직의 과업에 능동적으로 참여하게 만드는 근거가 된다. 긍정적인 경험을 한 직원은 소속 조직에 대해 긍정적인 인식을 가지게 되며, 이는 몰입과 헌신, 창의적 성과로 이어진다. 결국 직원 경험은 감정, 생각, 신념, 지각이 뒤섞여 형성되는 총체적 경험이며, 결정적 순간(Moment of Impact)을 어떻게 마주했는지가 인식의 방향을 결정짓는다. 동일한 제도와 환경이라도 구성원마다 전혀 다른 방식으로 받아들여지는 이유는 바로 이 지점에 있다.

경험은 연속된 시간의 흐름 속에서 형성되지만, 기억은 그 전체를 동일하게 저장하지 않는다. 우리는 하루를 돌아볼 때, 그날의 모든 순간을 떠올리는 것이 아니라 특정한 장면, 감정이 크게 출렁인 어떤 '순간'을 중심으로 전체 경험을 해석한다. 이를 행동경제학자들은 '피크 경험(peak experience)'이라고 부른다. Peak는 고조된 감정이 형성되는 정점의 순간이며, 긍정이든 부정이든 그 강도에 따라 기억 속에서 압도적인 비중을 차지하게 된다. 직원의 조직에 대한 인식도 결국 이 피크 경험에 의해 형성되고 강화된다.

대니얼 카너먼(Daniel Kahneman)은 우리의 기억이 '경험의 총합'을 저장하지 않고, 가장 강렬했던 순간(peak)과 마지막 순간(end)에 의해 전체 인식을 구성한다고 주장했다. 이는 '피크-엔드 룰(Peak-End Rule)'이라 불리는 이론으로, 직무상 경험에도 그대로 적용된다. 하루 종일 무난하게 흘러간 업무 속에서도, 상사의 단 한마디 혹은 회의 중 느낀 모욕감이 조직에 대한 기억 전체를 덮어 버릴 수 있다. 반대로 힘든 하루였지만, 퇴근 무렵 따뜻한 공감의 말 한마디가 모든 피로를 씻는 순간이 되기도 한다. 구성원이 느끼는 조직의 분위기란, 결국 이처럼 몇 개의 '강한 인상'이 축적된 결과물이다.

동일한 제도와 동일한 환경이라 하더라도, 직원이 어느 순간에 어떤 경험을 하느냐에 따라 조직에 대한 인식은 극적으로 달라질 수 있다. 경험은 절대적인 것이 아니라, 상대적이고 맥락 의존적이다. 조직이 '무엇을 제공했는가'보다 '구성원이 어떤 상태에서 그것을 마주했는가'에 더 민감해야 하는 이유다.

조직은 직원 경험을 하나의 연극처럼 설계할 수 있어야 한다. 감정 곡선의 흐름을 의도적으로 배치하고, 중요한 순간에 감정을 고조시키며, 마무리는 긍정적 기억이 남도록 유도하는 방식이다. 예를 들어, 입사 첫날의 온보딩 경험, 연말 평가에서의 피드백 대화, 퇴사 인터뷰의 마무리 한마디는 단순한 절차가 아니라 감정적 피크를 만들어 내는 장치가 된다. 구성원은 그런 '순간의 태도'를 오래 기억하며, 조직을 신뢰할지 말지를 결정한다.

직원 경험이란 시간을 축적하는 일이 아니라 순간을 설계하는 일이다. 조직이 구성원의 일상에 개입할 수 있는 범위는 제한적일 수밖에 없다. 그러나 기억에 남을 결정적 순간(Moment of Impact)에 집중하고, 그 순간의 정서적 흐름을 세심하게 이해하며, 이를 정교하게 설계할 수 있다면 경험의 질은 비약적으로 향상된다.

직원 경험은 어떻게 만들어지는가

직원 경험의 구성 요소는 다양하게 제시돼 왔다. 제이컵 모건(Morgan, 2017)은 물리적 환경, 기술적 환경, 문화적 환경이라는 세 가지 축으로 직원 경험을 정의했다. 일하는 공간의 쾌적함, 시스템과 도구의 사용 용이성, 조직문화와 리더십의 방향성이 경험의 질을 결정짓는다는 점을 강조했다. 이 중에서도 문화적 환경은 가장 중요한 요소로 간주되며, 눈에 보이지 않지만 경험의 분위기를 근본적으로 형성한다.

조시 버신(Josh Bersin)은 경험을 구성하는 다섯 가지 요소를 제안한다. 의미 있는 일, 지원적 관리, 긍정적인 업무 환경, 성장 기회, 신뢰할 수 있는 리더십. 모두 구성원의 삶과 일 사이의 일관성과 존중을 강조하는 항목이다.

세대별 관점도 고려할 필요가 있다. 메레트 등(Meret et al., 2017)은 Z세대가 중요시하는 경험 요소로 고용 안정성, 네트워크, 동료와의 관계를 강조했고, 야다브와 비하리(Yadav & Vihari, 2021)는 활력과 성취 지향성, 포용성과 웰빙을 중심으로 구성 요소를 제안했다. 이들 연구는 공통적으로 상호작용과 관계, 심리적 안정성을 직원 경험의 본질로 제시한다.

조직이 긍정적인 경험을 제공할 때, 그 효과는 단순한 감정의 차원을 넘어선다. 몰입도는 높아지고 생산성은 증가하며, 이직률은 감소한다. 실제로 긍정적인 직원 경험을 설계한 기업은 그렇지 않은 기업에 비해 생산성이 43% 더 높았고, 수익성 또한 4.2배 높게 나타났다는 연구 결과가 있다(Priya et al., 2024). 경험은 고객 만족과 직결되며, 혁신성과 적응력까지 강화한다. 급속한 기술 변화와 유연 근무, 세대 교체의 흐름 속에서 직원 경험은 단순한 HR 프로그램이 아니라, 조직이 빠르게 변화하고 생존하기 위한 핵심 전략이 되고 있다.

직원 경험 설계

직원 경험을 설계한다는 것은 단순히 직원의 만족도를

높이는 활동을 넘어, 조직의 전략과 문화를 구성원의 일상 속에서 감각적으로 경험되도록 만드는 작업이다. 구성원은 조직의 철학과 비전을 조직도나 브로슈어를 통해 받아들이지 않는다. 그들은 회의의 방식, 리더의 피드백, 온보딩의 첫날, 부서 이동 통보의 순간 같은 일상의 '작은 이벤트' 속에서 조직의 진심을 경험하고 해석한다. 이때 HR은 단지 제도를 설계하는 관리자가 아니라, 경험을 촘촘하게 디자인하는 역할로 전환돼야 한다.

경험 설계자로서 HR의 첫 번째 역할은 구성원의 경험을 경청하고 감각적으로 해석하는 능력이다. 경험이란 데이터로 환산하기 어렵다. 설계자는 구성원이 무엇을 겪고 있는지를 언어화할 수 있어야 한다. 예를 들어, '업무에 대한 피드백이 부족하다'라는 응답 이면에는 '나의 성장이 방치되고 있다'는 감정이 존재할 수 있다. 혹은 '회의가 비효율적이다'라는 불만 속에는 '내 의견이 반영되지 않는다'는 소외감이 숨어 있기도 하다. 경험을 정확히 설계하려면, 이처럼 직원의 언어와 감정을 해석하는 감수성이 필요하다.

이를 위해서는 구성원의 일상을 구성하는 다양한 순간(moment)들을 감지하고 구조화하는 작업이 선행돼야 한다. 앞서 언급된 Moment of Impact는 구성원이 조직에 대해 감정적으로 의미를 부여하는 결정적인 순간들이다. 입사 첫날의 웰컴 키트, 첫 회의에서의 리더의 반응, 연말 평가에서의 단 한마디 피드백 등은 구성원의 기억 속에 조직의 인상을 결정짓는 장면으로 남는다. HR은 직원 생애 주기(Employee Life Cycle)를 따라 MOI를 탐색하고, 이들이 긍정적인 정서적 흔적으로 남을 수 있도록 설계해야 한다.

직원이 어떤 사건을 어떻게 기억하는지를 좌우하는 건 단지 '무엇을 겪었는가'가 아니라, 그 경험의 속성(Key Experience Factor, KEF) 때문이다. 다시 말해, 동일한 이벤트도 직원이 느낀 자율성, 공정성, 의미감, 소속감 등 핵심 심리 변인이 다르면 전혀 다른 경험으로 인식된다. 예를 들어, 업무 할당이 동일했더라도 '나는 내 일을 스스로 선택했다'고 느낀 직원은 자율성을 경험하지만, '일방적으로 지시받았다'고 인식한 직원은 통제감을 느낀다. HR은 MOI를 긍정 혹은 부정으로 전이시키는 이 '경험의 촉진자'로서 KEF를 파악하고 설계에 반영해야 한다.

HR은 이 다양한 경험을 어떻게 구조화할 수 있을까? 바로 직원 경험 여정을 통해 가능하다. 경험 여정은 구성원의 생애 주기 전체를 지도처럼 펼쳐 보는 방식이다. 구성원의 생애 주기에 따라 입사-성장-이동-평가-퇴사에 이르는 전체 프로세스를 파악한 뒤, 구간마다 어떤 감정의 흐름과 이벤트가 존재하는지 분석한다. 특정 구간이 과도한 스트레스를 유발하거나, 보상과 피드백이 단절되는 순간이 있다면 그 지점을 MOI로 간주하고 개선 과제를 도출한다. 더욱이 여정은 거시적 흐름만이 아니라, 미시적 경험의 분석이 필요하다. 앞서 언급된 '회의 경험'처럼, 특정 이벤트를 확대해 직원이 어디서 불편함을 느끼고 있는지 상세한 지도를 그려 볼 수 있어야 한다.

HR은 제도 설계자에서 경험 설계자로 넘어가야 한다. HR은 행정을 집행하는 것이 아니라 서비스 제공자로 변모해야 한다. 직원은 조직 정책의 '대상자'가 아니라, 서비스의 '최종 사용자'로 바라봐야 한다. 이 관점을 전환하는 순간, HR은 구성원이 '어떻게 체감했는가'를 중심으로 사고하게 된다. 구성원의 감정 곡선을 읽고, 감정이 고조되는 순간에 의미 있는 서비스를 제공하며, 구성원 간의 연결과 조직의 철학을 설계에 녹여 내는 것이 경험 설계자로서 HR의 새로운 역할이다.

모든 설계의 출발점은 공감이다. 디자인 싱킹에서 말하는 '사람 중심(human-centered)'의 사고방식이 필요하다. 구성원 한 사람 한 사람의 경험을 설계하는 일이 조직 전체의 성과와 연결된다는 믿음, 그리고 구성원의 여정을 함께 걸어가겠다는 태도가 경험 설계자로서의 HR의 존재 이유가 된다.

구성원이 느끼는 경험의 질이 조직의 전략을 실현하고, 문화를 만들며, 브랜드를 정의한다. HR이 조직의 전략 파트너로 자리매김하려면, 이제는 정책을 넘어 '감정'을 설계하고 '기억'을 남기는 역할까지 확장돼야 한다. 직원 경험은 일의 총합이 아니라, 기억에 남는 순간들의 집합이다. 그 순간은 누군가의 작은 공감과 의도로부터 시작된다.

AI와 직원 경험

직원 경험 설계에 인공지능(AI)의 영향력이 커지고 있다. AI는 반복적 업무를 자동화하는 수준을 넘어, 직원과 조직 사이의 접점을 설계하는 실질적 파트너로 부상하고 있다. 채용, 온보딩, 협업, 학습, 피드백, 평가, 복지, 이직에 이르기까지 직원 생애 주기의 모든 순간에 AI가 개입하고 있으며, 그 영향력은 점차 깊고 넓어지고 있다(Mittal et al., 2023).

직원 경험의 본질은 결국 '느낌'에 있다. 그러나 조직은 이를 데이터로 포착하기 어렵고, 구성원도 그것을 명확히 설명하기 어렵다. 이때 AI는 수많은 비정형 데이터를 통해 감정을 감지하고, 패턴을 추론하며, 적절한 개입 타이밍을 제안할 수 있다.

기술은 사람을 대체하는 것이 아니라, 사람을 더 정교하게 이해하도록 만든다. AI는 조직이 구성원을 더 깊이 이해하고, 적시에 반응하며, 진정성 있게 연결되도록 돕는 감각의 확장 장치다. AI는 직원 생애 주기의 흐름에 깊숙이 들어와 직원 경험의 지형을 바꾸고 있다.

AI는 채용에서 가장 먼저 존재감을 드러낸다. 수많은 이력서를 한 번의 클릭으로 요약하고, 직무와의 적합도를 예측하며, 편견을 줄이는 데 기여한다. AI는 단순히 업무량을 줄이는 자동화 기술이 아니라, 채용의 공정성과 정밀도를 높이는 감별자다. 지원자의 성향, 경력, 언어 패턴까지 분석해 최고의 후보자를 빠르게 찾아낸다(윤명훈, 2025).

입사 이후에도 AI의 역할은 계속된다. 온보딩 챗봇은 조직의 문화와 제도를 안내하고, 직무별 맞춤형 자료와 학습 콘텐츠를 제공한다. 구성원은 불확실한 초기 단계에서 필요한 정보를 정확히 제공받으며, 빠르게 몰입의 흐름에 진입할 수 있다. 이 모든 경험은 첫인상을 결정짓고, 신뢰 형성의 출발점이 된다.

AI는 협업과 정보 흐름 속에서 이뤄지는 복잡한 과정에서 발생하는 마찰을 줄인다. 업무 우선순위 자동 추천, 협업툴 통합, 정보 큐레이션 기능을 통해 구성원은 일의 본질에 더 집중할 수 있게 된다.

AI는 학습과 성장에서도 능동적인 제안자다. 과거의 이력, 현재의 역량, 관심사에 기반해 맞춤형 학습 경로를 설계하고, 실시간으로 피드백을 제공한다. 성과 정체 구간이나 학습 취약점을 감지해 적절한 콘텐츠와 경험을 연결한다. 조직은 구성원에게 '이렇게 성장할 수 있다'는 가능성의 경로를 구체적으로 보여 준다.

AI는 구성원의 감정, 응답 패턴, 커뮤니케이션 데이터를 분석해 리더에게 더 나은 피드백 타이밍과 전략을 제안한다. 리더는 직관에만 의존하지 않고, 구성원의 정서 흐름에 맞는 소통을 설계할 수 있다.

AI는 팀 간 관계에서도 작동한다. 협업 데이터, 회의 피드백, 커뮤니케이션 빈도 등을 분석해 협업 균형이나 관계 단절의 징후를 조기에 감지한다. 감정 기반의 충돌이나 소외는 더 이상 감각에만 맡겨 두지 않아도 된다. AI는 신뢰와 협력의 온도를 조율하는 감정 디자이너로 기능한다.

성과 평가에서 가장 큰 장애물은 '불신'이다. 정성적인 기준, 모호한 지표, 관리자의 편향은 평가의 신뢰를 무너뜨리고, 보상 시스템 전체에 대한 회의를 낳는다. AI는 이 지점을 데이터로 다시 설계한다. 실시간 업무 추적, 동료 피드백, 정량화된 기여도 분석을 통해 평가의 객관성을 높인다. 관리자는 성과 데이터에 기반해 즉시 피드백을 제공하고, 보상 시뮬레이션을 통해 조직과 개인 모두 수용 가능한 구조를 설계할 수 있다. 구성원은 더 이상 '왜 이런 평가를 받았는가'를 의심하지 않는다. AI는 평가를 투명하게 만들고, 인정의 경험을 더 설득력 있게 만든다.

몰입은 눈에 보이지 않는다. 그러나 AI는 그것을 감지할 수 있다. 이메일, 회의, HRIS(인적 자원 정보 시스템, Human Resources Information System) 데이터 등을 기반으로 구성원의 정서, 소외감, 피로도를 추적하고, 개인 맞춤형 개입 전략을 실행한다. 피드백 타이밍, 휴식 권고, 참여 독려 메시지 등은 구성원의 감정 곡선에 맞게 전달된다.

AI는 구성원의 건강과 복지를 향상하는 데도 쓰인다. 웨어러블, 설문, 시스템 로그 데이터를 활용해 스트레스, 수면, 정서 상태를 모니터링하고, 위험 징후가 감지되면 맞춤형 복지 콘텐츠를 제안한다. 복지는 제도에서 경험으로 이동하고 있으며, 그 경험은 실시간 반응성과 개인화 기술을 중심으로 발달하고 있다. 구성원이 실제로 '보살핌'을 느낄 수 있는 세밀한 인터페이스와 타이밍이 중요하다.

구성원은 느닷없이 이직을 결정하지 않는다. 구성원은 일정 기간 여러 신호를 남긴다. AI는 커뮤니케이션 빈도, 정서 변화, 업무 태도 등을 분석해 이탈 가능성을 조기에 예측하고, 관리자에게 개입 가이드를 제공한다. 관리자는 단지 데이터를 보는 것이 아니라, 상황에 맞는 대응 방식을 제공받는다. 업무 재조정, 경력 설계, 인정 피드백 등의 대응책이 구성원 특성에 맞춰 제안된다. AI는 이직률을 낮추는 기술이 아니라, 머물 이유를 만들어 내는 기술이다.

퇴사는 직원 경험 여정의 마지막 단계다. 그러나 퇴사는 끝이 아니라 또 하나의 브랜드 접점이 될 수 있다. AI는 퇴사자 인터뷰 데이터를 분석해 이탈 원인을 체계화하고, 조직의 구조적 리스크를 진단한다. 퇴사자의 마지막 경험이 부드럽고 존중받는 것이었다면, 그는 언젠가 다시 돌아오거나, 가장 강력한 브랜드 옹호자가 될 수 있다.

AI는 채용부터 온보딩, 평가, 리텐션, 오프보딩까지 직원의 생애 전반에 걸쳐 설계자 역할을 수행하고 있다. 수많은 데이터를 감지하고, 의미 있는 패턴을 예측하며, 감정의 뉘앙스를 읽고, 최적의 타이밍을 제안한다. 이를 통해 조직과 구성원 사이의 모든 접점은 점점 더 개인화되고 반응적인 경험으로 재편되고 있다.

하지만 기술의 개입 그 자체가 직원 경험의 성공을 담보하지 않는다. AI는 정말 사람을 더 잘 이해하게 만들고 있는가? 직원은 기술을 통해 더욱 연결되고 있는가? 아니면 보이지 않게 소외되고 있는가? 우리는 효율과 인간다움 사이에서 어떤 선택을 하고 있는가? 조직은 기술을 단순히 도입하는 차원을 넘어, 사람을 중심에 둔 설계로 연결해야 한다. AI는 감정을 가지지 않지만, 역설적으로 사람의 감정을 다루게 된다. 감정이 사라진 경험은 오래 남지 않는다. 데이터는 예측하지만, 관계는 설계돼야 한다.

이 책은 그런 질문에서 시작했다. 직원 경험의 여정 곳곳에 AI가 어떤 방식으로 개입하고 있는지를 들여다보며, 기술의 잠재력과 한계, 그리고 우리가 놓쳐선 안 되는 인간다움에 대해 이야기한다. 채용, 온보딩, 몰입, 평가, 관계, 이직과 이별까지. 조직과 구성원이 마주하는 모든 순간에 AI는 어떤 역할을 해야 하는가. 그리고 우리는 어떤 태도로 그것을 설계해야 하는가. 이제 그 여정을 함께 살펴보려 한다.

참고문헌

윤명훈(2025). 《AI와 인재 채용》. 커뮤니케이션북스.

Bersin, J. & Zao-Sanders, M.(2019). Making learning a part of everyday work. *Harvard Business Review, 19*.

Kahneman, D.(2000). Evaluation by moments: Past and future. *Choices, values, and frames*, pp.693~708. Cambridge University Press.

Meret, C. et al.(2017). The digital employee experience: Discovering generation Z. In Rossignoli, C. et al.(eds.). *Digital technology and organizational change: Reshaping technology, people, and organizations towards a global society*, pp.241~256. Springer.

Mittal, P. et al.(2023). A review of the role of artificial intelligence in employee engagement. *2023 9th International Conference on Advanced Computing and Communication Systems(ICACCS)*, pp.2502~2506.

Morgan, J.(2017). *The employee experience advantage: How to win the war for talent by giving employees the workspaces they want, the tools they need, and a culture they can celebrate*. John Wiley & Sons.

Priya, M. S. et al.(2024). The Role of AI in Shaping the Future of Employee Engagement: Insights from Human Resource Management. *Library Progress International, 44*(3), pp.15213~15223.

Yadav, M. & Vihari, N. S.(2021). Employee experience: construct clarification, conceptualization and validation of a new scale. *FIIB Business Review, 12*(3), pp.328~342.

01
첫 만남, 채용과 온보딩

AI 시대의 채용과 온보딩은 더 이상 단순한 절차가 아니다. 조직과 인재 간 정서적 연결을 설계하는 전략적 경험이다. 후보자와 신규 입사자는 조직이 보내는 신호 하나하나를 통해 신뢰와 브랜드 이미지를 형성한다. 데이터와 AI가 후보자 경험과 온보딩을 어떻게 동화, 개인화, 정서화하며, 궁극적으로 지속 가능한 관계로 이끄는지 살펴본다.

기후 위기와 인공지능?

후보자 경험

채용은 단순한 인재 선발의 과정이 아니다. 그것은 조직이 시장에서 어떻게 인식되는지를 결정짓는 브랜드 경험이자, 인재와의 관계 형성이 시작되는 접점이다. 채용의 질은 단순히 공정성과 효율성의 문제를 넘어서, 지원자와 조직 간의 첫인상, 신뢰 형성, 그리고 궁극적인 조직 이미지에까지 영향을 미친다. '후보자 경험(candidate experience)'은 채용 전략의 중심 전략으로 부상하고 있다.

후보자 경험은 단기적인 채용 성공률뿐만 아니라 장기적인 조직 성과에까지 영향을 미친다. 무르팟 등(Murfat et al., 2025)은 채용 과정에서의 커뮤니케이션, 피드백, 응대 방식이 향후 지원자의 충성도와 브랜드 옹호자로서의 행동에 영향을 미친다고 보고했다. 즉 불합격한 지원자조차도 긍정적인 경험을 하면 다시 해당 기업에 지원하거나, 타인에게 긍정적인 추천을 남기는 경향이 있다는 것이다.

과거의 채용은 조직 중심적이었다. 조직이 요구 조건을 제시하고, 지원자는 그 기준에 맞춰 경쟁했다. 현재의 채용 프로세스는 상호 커뮤니케이션이 중요해지고 있다. 후보자는 지원 과정 전반에 존중받고 있음을 느끼기를 기대한다. 특히 디지털 네이티브 세대에 해당하는 Z세대는 채용 과정 중 겪는 감정적 반응이 재지원 여부와 직결된다는 경향을 보인다(Gamaethige, 2024).

채용 경험의 설계에서 중요한 요소는 개인화, 투명성, 감정적 유대다. 양과 피굴통(Yang & Pigultong, 2024)은 기술 산업 내 구직자가 경험하는 채용 공고 문구와 면접 응대 내용에 대한 감정 분석을 수행했다. 그 결과, 부정적인 언어 패턴이나 모호한 설명이 사용된 채용 공고는 지원 의향을 현저히 낮추는 것으로 나타났다. 채용은 정보 전달만의 과정이 아니라, 감정적 신호를 주고받는 상호작용이라는 점을 시사한다.

글로벌 채용 동향 역시 '후보자 여정(Candidate Journey)'이라는 개념을 중심으로 재편되고 있다. 채용의 여정이 단절된 이벤트로서의 면접이나 서류 심사가 아니라, 지원자가 기업과 상호작용하는 전 과정(구직사이트 방문, 정보 수집, 첫 문의, 피드백 수신 등)의 연속성에 초점을 둔 개념이다. 켈리 등(Kelley et al., 2025)은 농업교육 분야의 채용 공고를 분석한 결과, 예측 가능하고 투명한 구조를 갖춘 채용 절차일수록 더 많은 고품질 지원자를 유치할 수 있었음을 입증했다.

지원자의 이탈을 줄이기 위해서는 피드백의 적시성

과 내용의 질이 중요하다는 점도 강조된다. 무르팟 등(Murfat et al., 2025)의 연구에 따르면, 채용 과정 중 피드백을 전혀 제공받지 못한 지원자의 67%는 해당 기업에 부정적인 평가를 남길 가능성이 높았으며, 58%는 재지원 의사를 포기한다고 응답했다. 반면, 명확하고 정중한 커뮤니케이션이 있었던 경우, 불합격자조차 기업에 대해 긍정적인 감정을 유지했다.

후보자 경험을 개선하기 위한 실천적 전략도 다수 제시되고 있다. 와드하완과 와드하완(Wadhawan & Wadhawan, 2024)은 '미시적 접점(micro-touchpoints)'에 대한 감도 높은 설계를 강조한다. 예를 들어 채용 공고의 언어, 인터뷰 일정 통보 메시지의 어조, 면접 후 대기 시간 안내 등의 작은 요소가 전체 경험의 질을 결정짓는다고 주장했다. 이는 전술한 '피크-엔드 법칙(Peak-End Rule)'과도 맥을 같이한다. 지원자는 전체 채용 과정을 기억하지 않는다. 그 과정에서 가장 강렬했던 순간과 마지막 인상이 전체 경험을 결정한다. 채용 경험은 우수 인재를 유치하는 선순환의 출발점이 된다. 조직은 후보자를 '선발 대상자'가 아닌 '경험 사용자'로 인식하는 태도 전환이 필요하다.

조기 퇴사와 온보딩

채용 이후의 온보딩 경험은 신규 입사자가 조직과 관계를 형성하고, 자신의 역할과 정체성을 내면화하는 결정적 순간이다. 온보딩이 실패할 경우, 가장 먼저 나타나는 지표는 '조기 퇴사율'의 상승이다.

신규 입사자의 20% 이상이 입사 후 첫 45일 이내에 이직을 고려한다는 보고가 있다(Saks & Gruman, 2018). 신규 입사자의 조기 퇴사는 단순히 한 명의 공백이 아닌, 조직 문화의 훼손, 동료 직원의 사기 저하, 고객 서비스의 질적 하락 등 복합적 리스크를 유발한다.

온보딩 단계에서 발생하는 실망, 정보 부족, 정서적 단절감 등에서 조기 퇴사는 시작될 수 있다(Nevalainen, 2025). 온보딩 프로그램이 단순한 문서 안내와 온라인 교육에 그치거나, 팀과의 실질적인 연결을 만들지 못하는 경우, 신입 직원은 자신이 '조직에 환영받지 못하고 있다'는 느낌을 받는다. 이는 곧 직무 스트레스를 유발하고, 조직에 대한 신뢰와 몰입을 약화하는 원인이 된다.

바우어(Bauer, 2010)의 연구에 따르면, 체계적인 온보딩 프로그램을 받은 직원은 90% 이상이 6개월 이상 조직에 남았으며, 반대로 온보딩이 부족했던 경우 3개월 이내 이직률이 2.3배 이상 높았다. 이는 초기 단계에서의 경험이 얼마나 강한 기억과 판단 기준으로 작동하는지를 보여 준다. 특히 Z세대 신입 사원의 경우, 감정적 유대와 피드백의 즉시성을 중요시하기 때문에 온보딩 실패에 대한 민감도가 더욱 높다(Wandhe, 2025).

성공적인 온보딩 설계를 위해 고려해야 할 요소들이 있다. 첫째, 정서적 온보딩이다. 단순 정보 전달을 넘어 '환영받는 느낌'을 설계해야 한다. 첫날의 분위기, 웰컴키트, 동료와의 연결 감각이 신입 직원에게 감정적 안정감을 제공한다. 둘째, 적절한 시기에 피드백을 제공해야 한다. 입사 초기 30일, 60일, 90일간의 피드백 세션을 운영해 문제 인식을 선제적으로 파악하고, 이탈 가능성을 조기 예측해야 한다. 마지막으로 조직 문화 내재화를 위한 상호작용 설계를 고려해야 한다. 직무 적응뿐 아니라, 조직의 가치와 철학을 체화할 수 있는 '문화 기반' 온보딩 콘텐츠가 필요하다. 멘토링, 실시간 Q&A 세션, 리더의 환영 메시지는 이 과정의 핵심이다.

입사 초기의 기억은 구성원의 몰입도와 조직 인식의 근간이 되며, 조기 이탈은 단순한 개인 선택이 아니라, 온보딩의 실패에서 비롯된 결과다. HR은 온보딩을 단기 관리의 영역이 아닌, 리스크 예방과 브랜드 신뢰 형성의 관점에서 전략적으로 접근해야 한다.

AI 기반 채용과 온보딩

채용과 온보딩이 조직과 인재 간 관계 형성의 출발점이라면, AI는 이 관계를 더욱 정교하게 설계할 수 있는 도구다. 하지만 기술의 도입이 자동화와 효율성에만 초점을 맞출 경우, 후보자 경험은 오히려 소외와 단절의 위험에 직면할 수 있다. 따라서 AI의 활용은 정서적 설계를 동반한 인간 중심의 재구성이어야 한다.

AI 기반 채용 시스템은 지원자의 응답을 분석하고 평가하는 데 탁월한 정량적 일관성을 제공한다. 그러나 지원자와 조직 간의 심리적 거리를 확대할 위험 역시 내포한다(Suen & Hung, 2024). 지원자 입장에서 AI 기반 채용은 더 이상 사람을 만나지 않고, 카메라 앞에서 정서적 피드백 없는 면접을 치르며, 탈락 후에는 그 이유조차 알지 못할 수 있다. 이러한 구조는 '기술적 효율성'은 확보할 수 있으나, '정서적 수용성'을 위협하는 결정적인 요인이 된다(이혜민 · 사영준, 2023).

조직은 AI 면접에서도 다섯 가지 정서 설계 원칙을 고려해야 한다. 첫째, 질문 유형과 평가 기준, 점수화 방식에 대한 사전 정보 제공을 통해 예측 가능성을 높여야 한다. 둘째, 탈락자에게도 최소한의 피드백을 제공해 결과를 학습 기회로 전환해야 한다. 셋째, 실시간 인터페이

스에 감정 인식 기반 피드백이나 아바타 · 음성 피드백을 삽입해 심리적 고립감을 완화할 수 있다. 넷째, 결과는 단순한 점수가 아닌 설명 가능한 언어로 전달돼야 한다. 다섯째, AI는 의사 결정 보조자일 뿐이며, 판단은 인간이 마무리한다는 철학이 시스템에 내재돼야 한다. 이러한 설계는 단순히 지원자의 불만을 줄이는 기능을 넘어, '공정하게 대우받았다'는 감정적 신뢰 형성을 이끌어낸다. 이는 곧 조직의 브랜딩 자산으로 전환될 수 있는 전략적 요소다.

디지털 환경에서 채용 커뮤니케이션은 텍스트, 화면, 자동 응답으로 이뤄진다. 이 과정에서 AI는 지원자와 조직 간 상호작용의 질을 향상할 수 있다. 예를 들어, AI 챗봇은 채용 과정에서 자주 묻는 질문에 대한 실시간 대응을 통해 지원자의 불안감을 줄인다. 또한 피드백 자동 생성 알고리즘은 응답 종료 후 '표현력: 우수', '직무 관련성: 중간'과 같은 분절된 정성 피드백을 제공할 수 있다 (Suen & Hung, 2024). 이러한 정보는 지원자가 자신의 결과를 이해하고 수용할 수 있게 만든다.

AI 기반 이메일 자동화 시스템은 지원자 이름을 포함한 개인화된 커뮤니케이션을 가능하게 하며, 결과 안내 시에도 정중하고 명확한 문구를 전달할 수 있다. 이 모든 과정은 조직이 지원자를 어떻게 대우하는지를 보여 주는 미시적 지표이며, 결과적으로 지원자의 브랜드 인식을 결정짓는 핵심 접점이다.

AI 기반 온보딩 도우미는 신규 입사자에게 맞춤형 일정, 조직 정보, 실시간 Q&A 서비스를 제공하며, 적응 초기에 구성원이 겪는 정보 탐색의 어려움을 해소한다. 디지털 멘토링 알고리즘을 활용해 유사 직무와 배경을 가진 선임 직원을 자동 매칭해 정서적 유대를 형성하는 데 기여할 수 있다. 입사 30일, 60일, 90일 시점마다 AI 설문 기반 피드백 시스템을 통해 신입 직원의 몰입도, 고충, 기대 충족도 등을 정기적으로 파악할 수 있으며, 위험 신호가 포착되면 관리자에게 자동 알림을 전달하는 체계도 구축 가능하다. 이 방식은 조기 이탈을 사전에 예측하고 대응할 수 있는 강력한 수단이 된다.

채용과 온보딩 과정에서 AI를 활용하는 조직이라면 효율성과 공정성을 넘어 '인간다움'의 가치에 주목해야 한다. 지원자와 신입 직원은 단순한 인재가 아니라 조직의 브랜드를 체험하고 평가하는 고객과도 같다. 이들은 조직과의 첫 상호작용부터 정서적 유대감을 형성하며, 경험 속에서 공감과 배려를 기대하는 '감정적 존재'다. 그러므로 조직은 AI를 통해 프로세스를 최적화하는 동시에, 사람의 감정과 경험을 섬세하게 이해하고 반응하는 정서적 설계를 고려해야 한다.

참고문헌

김형식·황규대(2002). “면접에 대한 지원자 지각이 면접만족도와 채용제안 수용가능성에 미치는 영향에 관한 실증적 연구”. 《경영학연구》, 31(1), 1~15쪽.

이혜민·사영준(2023). “AI 역량 면접에 대한 이용자 반응: 블라인드의 게시글에 나타난 감정과 귀인을 중심으로”. 《한국 HCI 학회 학술대회》, 371~376쪽.

Bauer, T. N.(2010). *Onboarding new employees: Maximizing success*. SHRM Foundation.

Gamaethige, N.(2024). Key determinants of recruiting a sales manager: A research based on LinkedIn platform.

Hartley, M.(2024). Enhancing employee engagement and retention: the critical role of psychological safety in the onboarding process. Strategic HR Review.

Kelley, K. et al.(2025). Describing the demand: A content analysis of secondary agricultural education job openings in Texas. *Journal of Agricultural Education, 66*(2).

Lacity, M. & Mullins, J. K.(2025). Modernizing Onboarding at Accenture with Immersive Learning. *MIS Quarterly Executive, 24*(2).

Murfat, M. Z. et al.(2025). Effectiveness of recruitment policies in attracting and retaining qualified talent in the company. *Advances in Human Resource Management Research, 3*(1), pp.60~72.

Nevalainen, V.(2025). Evaluating the impact of gamification on user engagement in B2B SaaS onboarding. University of Turku.

Ramirez, A. D. C.(2025). Exploring Human Resources Executives' Approaches to Onboarding in Luxury Hotels: A Phenomenological Study. Sam Houston State University.

Saks, A. M. & Gruman, J. A.(2018). Socialization resources theory and newcomers' work engagement: A new pathway to newcomer socialization. *Career Development International, 23*(1), pp.12~32.

Suen, H. Y. & Hung, K. E.(2024). Revealing the influence of AI and its interfaces on job candidates' honest and deceptive impression management in asynchronous video interviews. *Technological Forecasting and Social Change, 198*, 123011.

Wadhawan, K. & Wadhawan, D.(2024). The relevance of micro and macro credentials for the 21st century workforce: A gateway for securing job. *Partners Universal International Research Journal, 3*(3), pp.85~99.

Wandhe, D. P.(2025). HR Analytics and the Employee Lifecycle: From Onboarding to Exit. SSRN Electronic Journal.

Weiner, B.(1985). An attributional theory of achievement motivation and emotion. *Psychological Review, 92*(4), p.548~573.

Yang, L. & Pigultong, M.(2024). Sentiment analysis on job descriptions in the technology sector: Measuring perceptions of companies using NLP. *International Journal for Applied Information Management, 6*(1), pp.25~40. https://ijaim.net/journal/index.php/ijaim/article/view/88

02
일의 흐름, 지원과 성장

AI 시대의 업무 환경은 구성원의 일상에 더욱 깊숙이 스며들고 있다. 직원이 업무를 '어떻게 할당받고', '어떤 정보에 접근하며', '어떤 방식으로 협업하는지'는 단순한 절차가 아닌, 매일의 실질적인 경험이다. 조직은 이제 일상 속에서 구성원이 어떤 감정을 축적하고 있는지 세심하게 들여다봐야 한다. '성장하고 있다'는 감각과 '일에 의미가 있다'는 인식은 몰입과 신뢰를 이끄는 핵심 경험이 된다.

노래하는 AI 보컬?

업무 환경과 경험

직원은 과업 배정 과정에서 자신의 역할이 존중받고 있는지를 직관적으로 판단한다. 동일한 과업이라도 '내가 주도적으로 선택했는가', '일방적으로 지시받았는가'의 차이는 구성원 입장에서 전혀 다르다. 공정한 분배 경험은 심리적 안전감과 몰입을 이끌어 낸다. 불균형하거나 불투명한 배정은 불만과 이탈 의사를 증폭한다.

업무 과부하나 역할 모호성이 높은 조직일수록 직원의 이직 의도가 증가한다(Kiazad, 2014). 업무가 과도하거나, 담당 업무의 범위가 명확하지 않으면 직원은 쉽게 탈진하고, 소외감을 느끼기 때문이다. 반대로 자신이 맡은 일의 맥락과 이유를 이해하고 있다면, 같은 강도의 업무도 더 높은 몰입으로 이어진다.

지식 기반의 사회에서 업무 환경의 핵심 중 하나는 필요한 순간, 필요한 정보를 활용할 수 있는가이다. 정보 접근성이 낮거나, 불명확한 문서 체계는 직원의 불안과 스트레스를 유발한다. 정보 접근은 단순한 시스템의 문제라기보다는 '공유 문화'의 반영이다. 추(Choo, 1996)는 조직의 지식 공유 환경이 직원의 학습 행동과 팀 성과에 직접적 영향을 준다고 주장했다. 지식이 특정 계층이나 구성원에 의해 독점되고 있다면, 구성원은 정보 배제감을 느낀다. 이는 조직 전체에 대한 소속감을 훼손한다. 반대로 필요한 정보를 제때 제공받고, 질문에 열린 반응을 경험한 직원은 그 자체로 조직에 대한 신뢰를 쌓는다.

구성원이 '일의 의미'를 이해할 때 정보의 활용도가 높아진다(Grant & Parker, 2009). 정보는 단순한 전달이 아니라, 업무 맥락 속에서 의미를 갖는다. 상사가 일의 목적과 맥락을 먼저 설명하면, 동일한 자료도 직원에게는 더 높은 동기 부여 요인이 된다.

협업은 단순한 과업 수행 방식이 아니라, 상호작용에서 겪는 조직 경험의 핵심이다. 협업의 질은 구성원 간 심리적 거리, 상호 존중, 의사 결정 참여 수준에 따라 결정된다. 특히 반복적인 협업 상황에서 상대방의 말투, 피드백 방식, 회의의 분위기는 조직 문화 그 자체로 인식된다. 더턴 등(Dutton et al., 2014)은 '고무적 상호작용'이 있는 팀일수록 성과와 만족도가 높다고 주장했다. 여기서 고무적 상호작용이란 '존중'과 '긍정적 감정'을 일으키는 언어적, 비언어적 피드백을 의미한다. 구성원이 자신의 의견이 반영된다고 느끼면 회의 자체가 동기 요인이 된다. 반대로 무시, 반복적 중단, 표정이나 태도의 차별은 감정적 소외를 유발한다. 협업 중 발생한 미묘한 좌절 경험이 장기적 회피 행동으로 이어진다(Baer et al. 2010). 구성원이 '이번 회의에서 굳이 말해 봤자 반응이 없을 것 같다'고 판단한다면 향후 일관된 침묵으로 전환된다. 이는 단기간 성과보다 장기적 심리적 유대에 더 큰 영향을 끼친다. 직원은 조직의 시스템을 기억하지 않는다. 태도와 분위기를 기억한다. 조직의 공식 절차보다 비공식적 태도가 더 오래 남는다. 반복되는 업무 환경에서 작은 배려나 존중의 경험은 조직에 대한 애착에 영향을 준다.

감정은 기억을 증폭한다. 회의 중 한마디 무시, 부당한 업무 할당, 정보 비공개 등은 반복될 경우 신뢰를 무너뜨린다. 구성원은 일의 강도보다 감정의 강도에 의해 조직을 평가한다. 불공정한 업무 분배, 과도한 회의, 일방적 피드백은 결국 피로와 무관심으로 전환된다. 루소(Rousseau, 1995)는 심리적 계약 위반이 직무 만족도, 조직 신뢰, 이직률에 모두 영향을 미친다고 분석했다. 특히 구성원이 기대한 수준의 존중, 소통, 투명성이 유지되지 않을 때 조직에 대한 신뢰는 급속도로 감소한다.

마이크로소프트의 성장 경험

커리어 성장은 구성원이 조직에 몰입하고, 장기적으로

잔류하는 데 핵심적인 동기 요인이다. 마이크로소프트는 '고정 마인드셋(fixed mindset)' 조직에서 '성장 마인드셋(growth mindset)' 조직으로 전환하며 글로벌 기업의 방향성을 새롭게 정립했다.

사티아 나델라(Satya Nadella)가 CEO에 취임한 2014년 이후, 마이크로소프트는 학습을 전략의 중심에 뒀다. 직원 평가 기준을 '모른 것을 인정하는 능력'과 '배우려는 태도'로 전환했다. 'know-it-all'이 아닌 'learn-it-all'이 되자는 메시지는 조직 전반에 전파됐다. 지식보다 호기심, 경쟁보다 협력, 판단보다 탐색이 장려됐다. 그 결과, 조직은 혁신성과 수익성에서 동시 성장을 이뤘다(Nadella et al., 2017).

엘리엇과 드웩(Elliott & Dweck, 1988)은 성장 마인드셋이 개인의 도전 행동, 실패 회복력, 장기적 성취에 영향을 미친다고 밝혔다. 마이크로소프트는 이 심리학 이론을 기업 문화에 내재화했다. 리더들은 실패를 처벌하지 않고, '학습의 기회'로 재구성했다. 구성원은 불확실한 상황에서도 심리적 안정감을 느끼고, 창의적 행동을 시도할 수 있었다.

드루와 웰먼(DeRue & Wellman, 2009)은 학습지향적 조직 문화가 리더십 성장, 업무 퍼포먼스, 조직 몰입에 모두 긍정적 효과를 미친다고 보고했다. 학습 경험은 직무 숙련도를 넘어서, 구성원의 자기 인식(self-concept)을 변화시킨다. 성장의 기회는 조직에 대한 애착을 형성한다. 학습을 장려하는 환경이 있어야 학습이 실제로 일어난다(Tannenbaum et al., 1991). 마이크로소프트는 프로젝트 실패 사례를 내부 세션에서 공유하도록 장려했다. 실수는 책임이 아니라 성찰과 회고의 기회로 간주됐다. 이는 학습 회피 태도를 줄이고, 학습 몰입을 강화했다.

직원의 커리어 성장은 단기적 승진보다, 장기적 가능성을 제시하는 구조에서 강화된다. 마이크로소프트는 경력 경로를 선형적으로 설계하기보다는 다양한 기능 조직의 경험, 직무를 넘나드는 프로젝트 참여 기회, 리더십 트랙과 전문가 트랙의 분리 등 유연한 성장 경로를 마련했다. 이는 구성원이 자신에게 맞는 성장 방향을 선택할 수 있도록 돕는다. 개인의 정체성과 경력 설계가 일치할 때, 몰입과 충성도는 비약적으로 향상된다. 구성원이 스스로의 성장을 체감할 때, 피드백에 대해 더 개방적으로 반응하고, 자기 조절 전략을 강화한다. 마이크로소프트는 정기적 성과 피드백을 성장이 아닌 '관찰과 성찰의 기회'로 재정의했다. 평가에 대한 저항을 줄이고, 피드백 기반 학습을 촉진했다.

직원의 학습 경험은 '내가 성장하고 있다는 감정'이 실시간으로 제공될 때 비로소 의미를 갖는다. 이는 단지 교육 프로그램의 숫자 문제가 아니다. 업무 맥락 속에서 학습이 어떻게 연결되고 있는가, 경험 자체가 감정적 의미를 지니는가가 중요하다. 라이언과 데시(Ryan & Deci, 2000)의 자기 결정성 이론(Self-Determination Theory)은 자율성, 유능감, 관계성이 충족될 때 개인의 내적 동기가 가장 높아진다고 주장한다. 마이크로소프트는 학습 콘텐츠를 개인화하고, 프로젝트 기반 과제를 중심으로 구성했다. 개인은 자신의 속도와 관심에 따라 성장할 수 있었고, 스스로의 발전을 체감할 수 있었다. 성장 경험이 결여되거나 표준화된 방식으로만 제공될 경우, 구성원은 조직에 대한 기대를 철회한다. 조직 내 학습 자원이 형식적이거나 획일적일 경우, 구성원이 정서적 이탈을 경험할 수 있다(Eshel & Kohavi, 2003).

일과 학습 경험의 통합

AI는 경험의 개인화를 가능하게 한다. 직무, 성향, 성장 욕구, 일정, 감정 상태에 따른 경험의 맞춤화는 구성원에게 존중과 통제감을 부여한다. 톨레티와 무르티(Toleti

& Murti , 2024)는 AI 기반 인재 개발 시스템이 직원 개별 특성을 반영한 학습 기회를 설계해 학습 몰입도와 자율성이 크게 높아졌다고 밝혔다. 같은 내용을 동일 방식으로 전달하는 표준화 방식은 더 이상 유효하지 않다. 개인이 느끼는 피로와 무관심은 '경험의 탈개인화'로부터 발생한다. AI는 업무 기록, 피드백 응답, 참여도 데이터를 종합해 가장 적절한 개입을 도출한다.

AI는 실시간 피드백 시스템을 지원한다. 정기적 평가보다 수시 피드백이 더 효과적이다. 잘한 점, 개선할 점을 적시에 인지했을 때 학습 효과와 정서적 반응은 극대화된다. HR 5.0 시대에서 AI 기반 피드백 도구가 직원 만족도와 역량 강화를 동시에 달성한다(Rathore et al., 2025).

AI는 학습 경험을 업무와 통합한다. AI는 프로젝트 중 부족한 기술을 실시간으로 파악하고, 해당 지식 콘텐츠를 자동 추천한다. 배움은 따로 진행되지 않는다. 일의 흐름 속에서 연결된다. AI 기반 러닝 플랫폼은 '수요 기반 마이크로 러닝'을 제공하며, 구성원 만족도와 학습 효율성을 개선한다. 학습은 반복적 참여보다 적시에 제공되는 '정보의 맥락화'가 핵심이다. AI는 구성원의 업무 흐름을 방해하지 않으면서 학습 개입 타이밍을 조절할 수 있다.

AI는 업무 할당의 공정성과 투명성을 개선한다. 업무 배정은 심리적 안전감의 주요 변수다. 특정 인물에게 반복적으로 과중 업무가 배정되거나, 모호한 기준에 따라 업무가 나뉠 경우, 구성원은 조직에 대한 신뢰를 철회한다. AI 업무 관리 도구가 투명한 기준에 따라 과업을 분배함으로써, 분배 공정성에 대한 인식과 팀 간 신뢰를 강화할 수 있다(Toleti & Murti, 2024). 구성원은 자신의 리소스, 전문성, 스케줄에 맞게 업무가 배정된다는 믿음을 갖게 된다.

업무 환경과 성장 경험은 분리된 요소가 아니라 하나의 연속선 위에 존재한다. 심리적으로 안전하고, 정보에 자유롭게 접근할 수 있으며, 공정한 업무 분배가 이뤄지는 환경은 구성원으로 하여금 자신의 역할을 주도적으로 받아들이게 만든다. 이는 곧 몰입으로 이어진다. 조직 내에서의 작은 존중, 명확한 피드백, 협업 과정의 긍정적 상호작용은 일상의 감정을 변화시키고, 그 감정은 곧 조직에 대한 신뢰와 애착으로 이어진다.

참고문헌

Baer, M. et al.(2010). Win or lose the battle for creativity: The power and perils of intergroup competition. *Academy of Management Journal, 53*(4), pp.827~845.

Choo, C. W.(1996). *The knowing organization: How organizations use information to construct meaning, create knowledge, and make decisions.* Oxford University Press.

DeRue, D. S. & Wellman, N.(2009). Developing leaders via experience: The role of developmental challenge, learning orientation, and feedback availability. *Journal of Applied Psychology, 94*(4), pp.859~875.

Dutton, J. E. et al.(2014). Compassion at work. *Annual Review of Organizational Psychology and Organizational Behavior, 1*(1), pp.277~304.

Elliott, E. S. & Dweck, C. S.(1988). Goals: An approach to motivation and achievement. *Journal of Personality and Social Psychology, 54*(1), pp.5~12.

Eshel, Y. & Kohavi, R.(2003). Perceived classroom control, self-regulated learning strategies, and academic achievement. *Educational Psychology, 23*(3), pp.249~260.

Grant, A. M. & Parker, S. K.(2009). Redesigning work design theories: The rise of relational and proactive perspectives. *The Academy of Management Annals, 3*(1), pp.317~375.

Kiazad, K. et al.(2014). Psychological contract breach and employee innovation: A conservation of resources perspective. *Journal of Occupational and Organizational Psychology, 87*(3), pp.535~556.

Nadella, S. et al. (2017). *Hit Refresh: The Quest to Rediscover Microsoft's Soul and Imagine a Better Future for Everyone.* HarperBusiness.

Rathore, R. et al. (2025). AI and HR 5.0: The Future of

Recruitment. *International Journal of Environmental Science, 11*(13), pp.1589~1604.

Rousseau, D. M.(1995). *Psychological contracts in organizations: Understanding written and unwritten agreements.* SAGE Publications.

Ryan, R. M. & Deci, E. L.(2000). Self-determination theory and the facilitation of intrinsic motivation, social development, and well-being. *American Psychologist, 55*(1), pp.68~78.

Tannenbaum, S. I. et al.(1991). Meeting trainees' expectations: The influence of training fulfillment on the development of commitment, self-efficacy, and motivation. *Journal of Applied Psychology, 76*(6), p.759~769.

Toleti, B. S. & Murti, A. B.(2024). Enhancing Talent Development Management in Organizations Using Artificial Intelligence and Technologies. *Contemporary Advances in People Development Research, 64*, pp.122~140. http://capdr.org/wp-content/uploads/2024/12/64.-Bala-S-Toleti-and-Prof.-Dr-Ashutosh-B-Murti.pdf

03
함께 일함, 리더십과 관계

AI 시대의 리더십은 더 이상 지시와 통제의 기술이 아니다. 구성원의 심리를 섬세하게 읽고 반응하는 정서적 지능이 핵심 역량이 된다. 리더는 구성원의 경험을 설계하는 가장 강력한 요인이며, AI는 그 리더십을 보완하고 확장하는 도구다. 직원 경험은 리더가 만든다.

인공지능과 편향?

직원 경험은 리더가 만든다

직원 경험은 일상적 상호작용, 조직의 분위기, 리더의 태도에 의해 형성된다. 특히 리더십의 질은 구성원이 조직 내에서 자신이 '어떻게 대우받는지', '어떤 의미를 발견하는지'를 좌우한다. 리더십은 경험을 디자인하는 조직적 에너지다.

딜로이트(Deloitte, 2020)는 직원 경험을 구성하는 핵심 요인으로 '일의 의미', '감정적 연결', '심리적 안전'을 제시했다. 세 가지 모두 리더의 언행, 피드백, 신뢰, 지원 행동에 의해 촉진되거나 훼손된다. 리더의 '사람을 대하는 태도'가 구성원이 체감하는 경험의 질을 결정한다.

리더십은 일의 의미를 구성한다. 일 자체는 의미를 내포하지 않는다. 의미는 상호작용 속에서 구성된다. 구성원은 자신의 일이 '조직에 기여하고 있다'는 느낌을 가질 때, 일에 대한 주인의식과 몰입이 상승한다(Wrzesniewski et al., 2003). 리더는 그 연결 고리를 두텁게 만드는 사람이다. 단순한 반복 업무라도 조직의 목적과 연결될 때, 구성원은 사소한 일에서도 가치감을 느낀다. 리더가 맥락을 공유하지 않을 경우, 동일한 업무도 단절된 노동으로 인식되고 의미를 느끼기 어렵다.

삭스(Saks, 2006)는 의미 중심 리더십이 직원의 직무 몰입과 조직 몰입을 동시에 증가시킨다고 분석했다. 의미감은 감정적 유대를 만든다. 일에 의미가 없다면, 몰입은 의무에 그친다. 반대로 자신의 업무가 '조직 내 중요한 고리'라는 인식을 형성했을 때, 구성원은 동기 부여 없이도 책임감을 갖는다.

리더십은 심리적 안전과 자율성에 영향을 준다. 에드먼슨(Edmondson, 1999)은 심리적 안전감이 팀 성과를 예측하는 가장 강력한 변수라고 주장했다. 심리적 안전은 리더의 언어, 피드백 방식, 실패를 다루는 태도에서 비롯된다. 구성원이 의견을 자유롭게 표현하고, 실수해도 조롱당하지 않을 때, 창의적 사고와 상호 신뢰가 형성된다. 리더가 비난보다 탐색, 추궁보다 격려를 선택할 때 구성원은 '심리적으로 살아 있다'는 느낌을 받는다.

픽사의 창업자인 애드윈 캐멀은 포용성을 통해 심리적 안전감을 만들어 내기 위해 두 가지 노력을 해 왔다. 첫 번째는 행동이다. 캐멀은 항상 이런 말을 하곤 했다. "내가 저지른 실수가 뭐냐면…". 리더가 먼저 자신이 실수하고 실패할 수 있는 인간이라는 것을 인정하고, 구성원에게 오픈하는 것이다. 다수의 연구에서 리더의 솔직함과 겸손이 포용적 리더십의 중요한 선행 요인으로 밝혀져 있다. 캐멀은 또 서로에게 솔직한 피드백을 줄 수 있는 미팅 분위기를 만들었다. 그는 이런 말을 개의치 않았다. "처음 우리 영화들은 다 구렸어. 정말 별로였다고." 사람들에게 그것이 말할 수 있는 자신감을 북돋웠다. 어떤 결과물도 처음에는 형편없고, 유치하고, 지루한 과정들을 겪어 내며 훌륭해지기 때문이다(윤명훈, 2020).

자기 결정성 이론은 자율성, 유능감, 관계성 세 가지 요소가 개인의 내적 동기를 형성한다고 주장한다(Ryan & Deci, 2000). 리더는 자율성을 보장하는 주체다. 직원에게 '선택의 여지'를 부여하고, 자기 결정권을 존중하는 리더는 직원의 주체적 태도를 강화한다. 명령보다 설득, 지시보다 협의가 중요하다.

리더십은 정서적 연결을 유도한다. 리더와의 감정적 연결이 구성원의 몰입 수준을 결정짓는 요인이다(Kahn, 1990). 리더가 구성원의 감정 상태에 민감하고, 개인적 상황을 이해하려 할 때, 구성원은 일터에서 '인정받고 있다'는 감정을 갖는다. 반대로 리더가 오로지 성과만을 기준으로 관계를 맺을 경우, 구성원은 조직에서 정체성을 잃는다.

조직 문화에서 가장 중요한 리더의 행동으로 '진심 어린 피드백'과 '경청의 태도'를 들 수 있다. 회의 중 눈을 마주치고, 반응을 보이며, 발언을 이어 가는 방식이 구성원의 감정에 실질적 영향을 준다. 리더의 작은 표현 하나가 구성원의 기억에 오래 남는다. 리더는 "당신의 의견을 듣고 싶다", "어떤 아이디어를 가지고 있는지 궁금하다", "무엇을 기여할 수 있는가"에 대해 질문한 뒤 그 의견에 진심으로 귀를 기울여야 한다. 상대방은 이 사람이 진정으로 경청하고 열린 마음으로 듣고 있는지 쉽게 알 수 있다. 구성원이 말하는 제안이 다소 불편하고 쉽게 반박할 수 있는 내용일지라도 적극적으로 경청할 때, 비로소 구성원은 포용적 리더십을 느끼고 심리적 안전감을 가질 수 있다(윤명훈, 2020).

리더십은 구성원의 번아웃과 이탈 가능성을 결정짓는다. 매슬랙 등(Maslach et al., 2001)은 직무 소진(burnout)의 세 가지 축으로 정서적 고갈, 성취감 저하, 비인격화를 제시했다. 세 가지 모두 리더십의 부재 또는 잘못된 권위주의로부터 촉발된다. 부당한 업무 배분, 무시하는 피드백, 일관성 없는 지시 방식은 감정 소진을 유발한다. 직원은 일에 싫증이 나는 것이 아니라, 리더와의 관계에 피로감을 느낀다. 상사와의 관계 만족도가 낮은 조직일수록 이직률이 3배 이상 높아진다는 연구가 이를 반증한다(Arici, 2018). 리더십은 정서적 안전의 척도다. 이직의 이유는 급여, 복지보다 '감정적 유대의 결핍'

에서 기인한다. 구성원은 조직을 떠나는 것이 아니라, 리더와의 관계에서 떠나는 경우가 많다.

리더십은 곧 조직 문화 그 자체라고 말해도 부족하지 않다. 에드거 샤인(Schein, 1992)은 리더가 반복적으로 하는 행동이 곧 조직 문화라고 규정했다. 회의 분위기, 피드백의 언어, 승인 절차, 일상 대화의 문법은 모두 리더가 만들어 낸다. 조직 문화는 문서보다 분위기로 형성된다. 분위기는 리더가 가장 먼저 설정하는 신호다. 부정적 피드백이 반복될수록 구성원은 회의에서 침묵하고, 과제에 수동적으로 대응한다. 반면 인정, 유머, 긍정의 피드백이 빈번할수록, 팀은 정서적으로 활발해진다.

AI 시대, 리더십의 변화

리더는 일의 의미, 감정적 연결, 심리적 안전을 조율하는 사람이다. AI는 이 리더십의 역할을 대체하지 않는다. 대신 정교하게 보완한다. AI는 리더가 더 잘 듣고, 더 깊이 이해하고, 더 민감하게 반응할 수 있도록 돕는다. 감정 데이터, 피드백 분석, 커뮤니케이션 인사이트는 모두 리더의 감성 지능을 강화하는 기반이다.

AI는 구성원의 정서 상태를 파악할 수 있다. 이메일, 회의 텍스트, 설문 응답, 피드백 언어를 분석해 현재 팀의 감정 상태를 추론한다. 예를 들어, IBM의 왓슨 톤 애널라이저(Watson Tone Analyzer)는 구성원의 메시지에서 감정과 태도를 자동 분류한다. 리더는 이 데이터를 기반으로 적절한 시점에 개입 가능하다. 예를 들어, 감정적으로 고갈된 팀에 격려 피드백 제공, 정서 기반 개입은 구성원에게 '관심받고 있다'는 신호를 보낸다. 이는 구성원이 느끼는 몰입도, 심리적 유대감, 조직 신뢰에 긍정적으로 작용한다.

현장에서 리더십을 연구하면서 리더십 개발의 어려움으로 느껴지는 점이 있다. 리더의 직책이 올라갈수록 피드백을 받을 기회가 적어진다는 것이다. AI는 리더의 커뮤니케이션 스타일을 분석할 수 있다. 회의 대화, 피드백 텍스트, 이메일의 언어 패턴을 분석해 공감 표현, 질문 빈도, 부정 언어 사용 비율 등을 도출한다. 이를 기반으로 '포용적 언어의 사용 여부'와 '경청 지표'를 진단한다.

모든 구성원에게 동일한 피드백을 제공할 수는 없다. 성향, 동기, 감정 민감도가 다르기 때문이다. AI는 구성원별 피드백 선호도를 분석해, 맞춤 피드백 가이드를 제공한다. 예를 들어, A 직원은 결과 기반 피드백에 더 몰입하고, B 직원은 성장 과정에 대한 인정이 동기를 자극할 수 있다. AI는 구성원의 동기 유형을 분석하고, 리더가 더 적절한 언어와 타이밍을 선택할 수 있도록 돕는다.

리더의 의도와 상관없이, 실제 피드백과 과업 배분에는 편향이 존재한다. 특정 팀원에게만 중요한 과업이 반복되거나, 특정 성별이나 연령대에 불균형한 책임이 배정되기도 한다. AI는 리더십 데이터에서 편향을 식별한다. 예를 들어, 여성 직원에게 정량 성과 과업보다 지원 업무가 더 배정되는 패턴을 감지한다거나, 연령이 높은 직원에게 도전 과제가 적게 주어지는 경향을 탐색할 수 있다. AI는 패턴을 보여 주고, 리더가 조정할 기회를 제공한다. 구체적 피드백은 리더가 자신의 무의식적 행동을 자각하게 만든다. 링크드인 러닝(LinkedIn Learning)은 AI 기반 리더십 진단 도구를 통해 리더의 성향과 부족한 역량 영역을 도출하고, 이에 맞춘 콘텐츠를 추천한다.

AI의 활용과 디지털 전환은 업무의 속도와 생산성을 높인 반면, 구성원이 조직 안에서 느끼는 '감정적 연결'은 오히려 약화하는 역설을 초래하기도 한다. 감정적 피드백의 부재, 정서적 공백, 관계의 얇아짐은 구성원에게 "나는 이 안에서 존중받고 있는가?", "내 감정은 이 조직에서 유효한가?"라는 질문을 던지게 만든다. 특히 혼자 일하는 시간이 많아지고, 정형화된 루틴이 늘어나는 상황에서는 고립감이 더욱 커진다.

찰라레르(Caglarer, 2025)는 산업 5.0 시대의 핵심 경쟁력이 기술을 넘어 '정서적 복지(Emotional Well-being)'에 있다고 지적한다. 구성원은 기술의 정교함보다 리더의 따뜻한 한마디에 더 큰 안정감을 느끼며, 조직과의 관계를 감정적으로 해석한다. AI가 아무리 정교한 피드백을 제공하더라도, 진심 어린 '잘했어요', '그 상황 속에서 힘들었겠군요'와 같은 공감은 오직 인간만이 줄 수 있다. 이는 단지 감정적 위로 차원이 아니다. 정서적 유대는 구성원의 몰입, 신뢰, 이직률에 실질적으로 영향을 미치는 조직 성과의 핵심 변수다.

AI 기반 업무 환경에서도 여전히 '심리적 안전', '신뢰', '감정 공유'는 팀 몰입의 주요 요인이다(Fecho, 2025). 자동화는 예측 가능성과 효율을 제공하지만, 동시에 관계의 빈 공간을 만들어 낸다. 그 공간을 메우지 않으면, 구성원은 번아웃과 정서적 고립에 빠지게 된다. 특히 피드백과 인정, 일상적인 존중은 구성원이 조직에 소속감을 느끼고 스스로를 '의미 있는 존재'로 인식하게 만드는 핵심 접점이다. 구성원은 일을 통해 피로해지는 것이 아니라, 의미 없이 반복되는 일과, 관계 없는 조직 속에서 감정적으로 고립될 때 에너지를 잃는다.

리더는 이 지점에서 결정적인 역할을 한다. 리더의 정서적 민감성, 포용적 태도, 관심 표현은 기술이 줄 수 없는 인간 고유의 경험을 구성원에게 제공한다. 누군가 내 이야기를 듣고 있다는 감각, 나의 감정이 중요하게 여겨지고 있다는 신호는 구성원에게 '이 조직에 속해 있다'는 확신을 준다. 이 감정은 단기적 성과보다 더 깊고 오래 남는 신뢰의 기반이다.

AI는 리더십을 보완할 수는 있어도 대체할 수 없다. 기술은 리더가 구성원의 감정 상태를 인식하고, 적절한 개입 타이밍을 포착하게 도와주는 훌륭한 도구가 될 수 있다. 리더의 '듣는 태도', '공감의 언어', '진심 어린 인정'은 AI가 결코 제공할 수 없는 영역이다. 정서적 유대를 통해 구성원에게 안전과 의미, 존재감을 전달하는 일은 여전히 리더의 책임이며, AI 시대에 더 중요한 덕목이 되고 있다.

참고문헌

윤명훈(2020). "성공적인 OKR을 위한 리더의 덕목: 포용적 리더십(Inclusive Leadership)". 《월간 인재경영》, 190.

Arici, H. E.(2018). Perceived supervisor support and turnover intention: Moderating effect of authentic leadership. *Leadership & Organization Development Journal, 39*(7),

pp.899~913.
Caglarer, E.(2025). The Workforce of the Future: New Approaches to Work Psychology in Industry 5.0. *Turkish Studies-Economics, Finance, Politics, 20*(1), pp.93~106.
Deloitte(2020). The Social Enterprise at Work: Paradox as a Path Forward. Global Human Capital Trends.
Edmondson, A.(1999). Psychological safety and learning behavior in work teams. *Administrative Science Quarterly, 44*(2), pp.350~383.
Fecho, M.(2025). Toward the Adoption of Artificial Intelligence: Exploring the Critical Role of Trust. TU Darmstadt.
Kahn, W. A.(1990). Psychological conditions of personal engagement and disengagement at work. *Academy of Management Journal, 33*(4), pp.692~724.
Maslach, C. et al.(2001). Job burnout. *Annual Review of Psychology, 52*(1), pp.397~422.
Ryan, R. M. & Deci, E. L.(2000). Self-determination theory and the facilitation of intrinsic motivation, social development, and well-being. *American Psychologist, 55*(1), pp.68~78.
Saks, A. M.(2006). Antecedents and consequences of employee engagement. *Journal of Managerial Psychology, 21*(7), pp.600~619.
Schein, E. H.(1992). *Organizational Culture and Leadership.* Jossey-Bass.
Wrzesniewski, A. et al.(2003). Interpersonal sensemaking and the meaning of work. *Research in Organizational Behavior, 25*, pp.93~135.

04
공정한 인정, 성과와 보상

성과 평가와 보상은 왜 늘 불만의 대상이 되는가? 정답은 숫자가 아니라 감정에 있다. 구성원은 금액보다 공정성에 반응하고, 평가 등급보다 인정의 방식에 민감하다. 전통적인 성과 관리의 한계와 감정적 공정성의 중요성을 짚으며, AI가 어떻게 성과 관리의 패러다임을 전환할 수 있는지 살펴본다.

청각장애인과 AI?

왜 평가와 보상은 만족하기 어려운가

HR 담당자들 사이에는 이런 우스갯소리가 있다. "성과 평가에 만족하는 직원이 있다면, 아마 그해 좋은 평가를 받은 사람일 것이다." 그만큼 대부분의 구성원은 평가 제도에 불만을 갖는다. 보상 체계도 마찬가지다.

개인은 보상 그 자체보다 평가 과정의 공정성과 인정의 방식에서 감정적으로 반응한다. 최근 인사관리 연구는 단순한 금전적 인센티브보다, 평가의 투명성, 피드백의 질, 성장 가능성에 더 주목하고 있다.

성과 관리(Performance management)는 회사의 성장과 구성원 육성에서 중요한 역할을 차지하는 HR 프로세스다. 그러나 성과 관리에 사용되는 프로세스와 기술은 그동안 크게 변화하지 않았다. 예를 들어 아직도 많은 조직에서 사용하고 있는 '목표에 의한 관리(Management by Objectives, MBO)'는 피터 드러커가 1954년에 소개한 개념이다. 어니스트 헤밍웨이가 '노인과 바다'로 노벨 문학상을 수상한 해다. 노인과 바다는 고전이 됐지만 MBO는 아직도 현역인 셈이다(윤명훈, 2024).

전통적인 성과 관리의 프로세스에서 연초가 되면 직원들은 달성해야 할 목표 목록을 작성하고, 1년이 지나 연말에 이르러 성과와 기여도를 평가하라는 메시지를 받는다. 평소에 기록을 잘해 뒀다면 좀 낫겠지만 희미한 기억에 의존해 셀프리뷰 자료를 작성하는 경우가 많다. 평가자 역시 마찬가지다. 어렴풋한 기억에 의존해 성과 피드백과 최종 평가 등급을 작성한다. 기억이라도 더듬으면 다행이지만, 때로는 업무와 무관한 기준으로 성과 평가를 하기도 한다. 전통적인 성과 관리 방식에는 데이터의 부정확함, 주관성, 편견 등 다양한 오류의 발생 가능성이 있다.

직원은 성과 자체보다 '평가되는 방식'에 민감하게 반응한다. 조직의 평가 기준이 모호하거나 리더 개인의 판단에 의존하는 경우, 직원이 조직 전반에 대한 신뢰를 잃는다(Momanyi & Gatauwa, 2024). 평가자가 권력의 위치로 인식되면 구성원은 방어적 태도를 보인다. 이 같은 심리적 방어는 장기적으로 조직 문화에 위축과 분열을 초래한다.

조직 내 보상 체계가 수치적으로는 동일하더라도, 맥락에 따라 감정적 불공정성으로 인식될 수 있다(Pandey et al., 2024). 동일한 성과에도 팀장과 일반 직원 간 보상의 차이가 클 경우 구성원은 공정성 침해를 느낀다. 구성원은 단순히 수치적 인센티브보다 '존중받고 있다는 감정'을 더 중요하게 생각한다.

보상은 단순히 금전적 보상만을 의미하지 않는다. 의미 기반 보상이 직원 몰입에 더 강력한 영향을 줄 수 있다(Wrzesniewski et al., 2003). 직무의 가치, 인정의 언어, 성과에 대한 사회적 보상이 포함돼야 한다. 구성원이 자신의 노력이 조직 내에서 어떤 변화를 만들었는지를 인식할 수 있을 때, 보상은 의미화된다. 성과 공유 이메일이나 조직 전체 회의에서의 인정, 특별 휴식권 등 비금전적 보상, 다시 말해서 감정적 보상을 설계할 필요가 있다.

평가의 공정성은 시스템보다 사람에 대한 신뢰로 형성된다. 특히 상사와의 신뢰 수준은 평가 수용도를 결정하는 핵심 변수다(Jin et al., 2018). 상사의 개인적 호불호나 정치적 판단이 개입된다고 인식되면, 구성원은 평가 자체를 거부하거나 이직을 고려하게 된다. 다양한 평가 출처를 활용하는 다면 평가(360° feedback), 동료 평가 도입을 고려하거나, 평가자의 인식 틀을 표준화하는 교육을 진행할 수도 있다.

성과 평가에서 감정보다 결과치만 다룰 경우, 구성원은 자신이 '기계적으로 다뤄진다'는 인상을 받는다. 매슬랙 등(Maslach et al., 2001)의 소진 이론에 따르면, 성과는 높지만 정서적 피드백이 결여된 상황이 가장 번아웃

위험이 높은 환경이다. 수치 중심의 평가는 일시적 성과는 유지하지만, 장기적 신뢰와 충성도는 저하한다. 성과 외에 태도, 관계, 성장 가능성에 대한 언어적 피드백을 반드시 포함해야 하며, 리더의 정서적 언어 훈련도 병행돼야 한다. 성과 평가가 단순히 등급 매기기에서 그칠 경우, 직원은 조직이 자신을 '정체된 자원'으로 보고 있다는 인식을 갖게 된다. 특히 성과 평가 이후의 성장 경로 제안이 몰입을 강화한다(DeRue & Wellman, 2009). 평가 결과에 따른 다음 단계, 도전 과제, 멘토링이 연계돼야 한다.

AI 평가자

여전히 많은 기업이 연말 일괄 평가 방식에 의존한다. 평가자는 1년간의 성과를 회고적으로 판단하며, 기억의 왜곡이 평가의 핵심 리스크다. AI 기반 업무 추적 시스템이 일상 업무 데이터를 자동 수집해, 기여도의 패턴을 시각화할 수 있다(Thirunagalingam et al, 2025). 예를 들어 지라(Jira), 트렐로(Trello), 슬랙(Slack), 줌(Zoom) 사용 데이터 등을 AI가 종합해 실제 협업 기여도나 과제 완료율을 정량화하는 시도를 들 수 있다. 일상적 성과 데이터를 자동 수집해 '기억'에 의존하지 않는 평가 시스템을 설계한다면 데이터 기반의 평가가 쉬워진다. 평가는 언제나 오류 가능성이 있다. 평가자는 성별, 나이, 학벌, 성격 스타일 등 비공식 요소에 영향을 받아 평가할 수 있다. 멜턴 등(Melton & Riewe, 2022)은 AI가 평가자의 이력과 평가 결과 간 상관 패턴을 학습해, 편향 가능성을 실시간 탐지할 수 있다고 밝혔다. 예를 들어, 특정 상사가 남성 부하 직원을 지속적으로 높게 평가할 경우, AI가 이를 감지하고 모니터링하는 방식의 시스템 설계를 고려할 수 있다.

피드백의 언어가 조직 문화에 미치는 영향은 매우 크다. AI는 평가자에게 감정적 부하를 줄이고, 표현 왜곡을 방지하는 피드백 스크립트를 제공할 수 있다고 밝혔다. 부정적 피드백의 경우, 오히려 AI가 사람 평가자보다 효과적인 측면도 있다.

중국 화난이공대 연구팀은 AI가 제공하는 부정적 성과 피드백이 체면 상실을 두려워하는 직원에게 미치는 영향을 탐구하고자 흥미로운 실험을 진행했다. 실적이 저조한 텔레마케터 166명을 두 그룹으로 나누었고 이들은 각각 AI와 인간 관리자로부터 부정적 성과 피드백을 받았다. 체면에 민감한 직원들은 인간 리더가 아닌 AI에게서 부정적 피드백을 받을 때 더 높은 학습 동기를 보였다. 인간적인 실망감을 덜 느낀 것이다(Pei et al., 2024).

중국 IT 기업의 백엔드 개발자 129명을 대상으로 진행한 실험도 비슷한 결과를 보인다. 참여자들을 역시 두 그룹으로 나눠 AI와 시니어 개발자 리뷰로 부정적 피드백을 받도록 했다. 개발자들은 복잡하고 창의적 판단이 요구되는 코드 리뷰조차 사람의 피드백보다 AI가 제공한 피드백을 더 잘 수용했고, 스트레스를 덜 느끼며 코드 품질을 개선했다. 사회적 체면 손상을 덜 느끼는 AI 피드백이 기분 나쁜 감정에 덜 빠지고 문제 해결과 자기 계발에 집중하도록 도운 셈이다. 연구팀에 따르면, 체면이 깎이는 것에 대해 두려워하는 직원들은 평판을 지키기 위해 더 열심히 일하려는 동기를 부여받는 경향이 있다. 인간 리더로부터 부정적 피드백을 받을 경우, 대인 관계의 긴장과 사회적 이미지 하락을 경험하지만, AI는 위신을 보호하면서도 수준 높은 피드백을 제공해 학습 의욕을 자극하기 때문이다(Pei et al., 2024). AI가 인간 리더와는 다른 방식으로 직원들에게 부정적인 피드백을 제공해 업무 성과를 더욱 효과적으로 향상할 수 있음을 시사한다. 부정적 피드백을 받아들이는 건 힘든 일이지만, AI라는 PT 선생님을 만나면 보다 수월해진다.

피드백에서의 AI 활용에 대해서는 상반된 연구도 존

재한다. 직원들이 AI 피드백이 공개되면 부정적인 인식을 갖게 돼 생산성에 악영향을 미칠 수 있다는 주장도 있다. 퉁 등(Tong et al., 2021)은 연구에서 AI가 작성한 피드백을 밝히지 않았을 때는 피드백 수용도가 사람 평가자보다 높았으나, AI가 작성한 피드백이라는 것을 인지한 뒤에는 수용도가 떨어짐을 밝혔다. 직원들에게 AI 사용 정보를 공개하는 것이 직원들의 AI 도입에 대한 부정적인 인식에서 비롯되는 부정적인 영향을 미칠 수 있음을 시사한다. 또한 기업이 AI 도입을 획일적인 방식이 아닌 단계적으로, 즉 시니어 직원에게는 AI를 통해 성과 피드백을 제공하고, 신입 직원에게는 인간 관리자를 통해 성과 피드백을 제공하는 방식이 효과적일 수 있음을 보고했다.

머신러닝 기반 KPI

프레더릭 테일러가 '과학적 관리법'(1911)을 통해 스톱워치로 노동자의 생산성을 측정하며 효율성을 추구했던 시기부터, 성과는 관리의 대상이자 조직의 목표였다. AI의 등장은 조직이 성과를 바라보는 관점을 완전히 바꿔 놓고 있다. AI는 조직이 '성과를 측정하는 방법'뿐 아니라, '성과 그 자체를 어떻게 정의할 것인가'에 대해 근본적인 질문을 던지게 만든다. 이는 단순히 더 많은 KPI를 만드는 문제가 아니라, 어떤 지표가 진짜 의미 있고, 미래의 행동을 유도할 수 있으며, 전략적 의사 결정에 기여하는가에 대한 통찰을 제공한다.

구글의 글로벌 전략분석 책임자였던 아비나시 카우시크(Avinash Kaushik)의 사례는 이를 단적으로 보여 준다(Schrage et al., 2023). 구글은 막대한 마케팅 비용을 투입하고도 성과가 저조한 주요 디지털 채널에 대해 원인을 찾기 위해, 기존 분석 방식으로 가능한 모든 시도를 해 봤다. 문제의 실마리는 AI에 있었다. 머신러닝 알고리즘은 '기존에 우리가 중요하다고 여긴 KPI들이 실제로는 그다지 중요하지 않다'는 사실을 밝혀 냈고, 어떤 지표가 실질적 성과를 이끄는지를 새롭게 조명했다. 이 발견은 단지 분석 능력을 높인 것이 아니라, 성과의 정의 자체를 바꾸는 일이었다.

AI는 이제 조직의 KPI를 '학습 가능한 지표'로 전환하고 있다. 기존의 KPI가 과거 데이터를 회고적으로 추적하는 도구였다면, 실시간 KPI 관리를 통해 미래를 예측하고, 행동을 유도하며, 전략적 통찰을 제공한다. 실시간 KPI는 더 이상 고정된 지표가 아니다. 기업은 KPI의 수명 주기를 주기적으로 평가하고, KPI 자체의 적합성과 영향을 분석하며, 필요에 따라 지표 자체를 개선하는 'KPI를 위한 KPI'를 구축하고 있다. 이는 단순한 성과 측정의 자동화를 넘어, 조직 전략 전체를 데이터 기반으로 재구성하는 흐름이다.

AI는 KPI 간의 상호작용과 중복을 파악해 조직 전체의 통합성과 조정력을 높인다. 재무 부서와 마케팅 부서가 '비용 최적화'와 '고객 경험 개선'이라는 각기 다른 KPI를 운영할 때, AI는 이 두 지표의 충돌과 연결 고리를 분석해 '공유 KPI'를 설계하고, 조직 전반의 가치 창출을 조율할 수 있다.

성과를 정의하고, 그것을 기반으로 조직을 움직이게 하는 것은 이제 AI 시대의 핵심 경영 역량이다. 과거에는 평가와 지표가 사람의 기억과 주관에 의존했다면, 이제는 데이터 기반 알고리즘이 그 한계를 넘어선다. 더 이상 KPI는 고정된 것이 아니다. 그것은 학습하고 적응하며, 조직의 전략 방향을 함께 설계하는 살아 있는 도구가 돼가고 있다.

AI는 단지 성과를 더 잘 측정하기 위한 수단이 아니라, 성과란 무엇인가라는 질문 자체를 새롭게 쓰게 만드는 존재다. 객관적이고 시의적절한 데이터 기반 통찰력을 제공하는 능력은 성과 관리를 크게 향상할 수 있다. AI의

적절한 활용은 오랜 관행을 개편하고, 성과 관리 시스템을 최적화하고 혁신하는 데 핵심적인 역할을 할 것이다 (윤명훈, 2024).

참고문헌

윤명훈(2024.5.14). "성과 관리에서 생성AI의 효용성과 한계: "데이터 기반 결정·편견 완화 도움… 아직은 사람 보완 필요"". 지디넷코리아. https://zdnet.co.kr/view/?no=20240514111542

DeRue, D. S. & Wellman, N.(2009). Developing Leaders via Experience: The Role of Developmental Challenge, Learning Orientation, and Feedback Availability. *Journal of Applied Psychology, 94*(4), pp.859~875.

Jin, M. H. et al.(2018). Person-organization fit and turnover intention: Exploring the mediating role of employee followership and job satisfaction through conservation of resources theory. *Review of Public Personnel Administration, 38*(2), pp.167~192.

Maslach, C. et al.(2001). Job Burnout. *Annual Review of Psychology, 52*(1), pp.397~422.

Melton, L. & Riewe, G.(2022). Using AI to minimise bias in an employee performance review. *Journal of AI, Robotics & Workplace Automation, 2*(1), pp.17~23.

Momanyi, V. M. & Gatauwa, J. M.(2024). Corporate governance and performance of community-based organizations in Nairobi City County in Kenya. *International Academic Journal of Economics and Finance, 4*(3), pp.391~409.

Pandey, D. K. et al.(2024). Leveraging HR Analytics for Predictive Talent Management and Employee Retention. *2024 13th International Conference on System Modeling & Advancement in Research Trends(SMART)*, pp. 436~440.

Pei, J. et al.(2024). Saving face: Leveraging artificial intelligence-based negative feedback to enhance employee job performance. *Human Resource Management, 63*(5), pp.775~790.

Schrage, M. et al.(2023). AI is helping companies redefine, not just improve, performance. *MIT Sloan Management Review, 64*(3).

Taylor, F. W.(1911). Principles and methods of scientific management. *Journal of Accountancy, 12*(3), 3.

Thirunagalingam, A. et al.(2025). AI in performance management: Data-driven approaches. *Navigating organizational behavior in the digital age with AI*, pp.101~126. IGI Global Scientific Publishing.

Tong, S. et al.(2021). The Janus face of artificial intelligence feedback: Deployment versus disclosure effects on employee performance. *Strategic Management Journal, 42*(9), pp.1600~1631.

Wrzesniewski, A. et al.(2003). Interpersonal Sensemaking and the Meaning of Work. *Research in Organizational Behavior, 25*, pp.93~135.

05
기여하고 싶은 마음, 참여와 몰입

몰입은 단순한 집중이나 일시적 열정이 아니다. 구성원이 자신의 정체성을 업무와 조직에 연결하고, 감정적으로 헌신하는 상태를 의미한다. 몰입한 직원은 일에 의미를 부여하고 자발적으로 에너지를 투입하며, 조직의 목표를 자신의 목표로 받아들인다. AI는 몰입을 촉진하는 도구가 될 수 있다. 반면에 통제와 감시 중심의 AI는 직원의 불안과 거리감을 키워 몰입을 약화할 수 있다.

AI 콘텐츠 크리에이터?

몰입의 힘

몰입은 단순한 집중 상태가 아니다. 조직 내 구성원이 자신의 업무와 조직의 목적에 대해 감정적으로 헌신하고 있는 상태를 의미한다. 몰입한 직원은 업무에 의미를 부여하고 자발적으로 에너지를 투입한다. 이들은 조직의 가치와 목표를 내면화한다. 이러한 몰입은 성과를 넘어 조직의 정체성을 형성한다.

칸(Kahn, 1990)은 몰입의 개념을 정립한 대표적 학자다. 그는 '개인의 자아를 업무 역할에 물리적, 인지적, 감정적으로 통합하는 과정'으로 몰입을 정의했다. 개인은 자신의 정체성을 일에 연결하고, 그 일은 자율성과 의미를 부여받는다. 이 정의는 후속 연구들의 출발점이 됐다.

갤럽(Gallup, 2023)은 30년간 몰입과 조직 성과의 관계를 추적해 왔다. 그들은 몰입한 직원이 비몰입 직원에 비해 생산성이 17% 이상 높고, 이직률이 24% 낮다고 밝혔다. 고객 만족도, 수익성, 안전사고 발생률에서도 뚜렷한 차이가 확인됐다. 몰입은 정서적 요소이나, 결과는 수치로 측정된다.

하터 등(Harter et al., 2002)은 7939개 사업 단위를 대상으로 한 메타분석에서 몰입이 조직 성과와 강하게 상관된다는 결과를 발표했다. 몰입 수준이 높은 집단은 고객 충성도, 생산성, 이익률이 유의미하게 높았다. 반대로 결근율과 이직률은 낮았다. 몰입은 조직 전체의 역량과 직접 연결돼 있었다.

쇼펠리와 바커(Schaufeli & Bakker, 2004)는 몰입의 세 가지 핵심 요소를 제시했다. 활력(vigor), 헌신(dedication), 몰두(absorption)다. 활력은 에너지, 헌신은 목적, 몰두는 집중이다. 이 세 가지는 몰입을 구성하는 심리적 축이다. 각각은 독립적이지만, 동시에 작용해 몰입의 깊이를 결정한다. 몰입은 단일한 요인으로 형성되지 않는다. 직무 자율성, 피드백, 상호작용 품질, 상사의 지원, 조직 문화 등이 복합적으로 작용한다. 삭스(Saks, 2006)는 직무와 조직에 대한 몰입을 구분했다. 직무에 대한 몰입은 '일' 자체의 의미에 집중한다. 조직에 대한 몰입은 소속감, 공정성, 경력 전망에 관련된다. 두 영역은 상호보완적이다. 하나가 무너지면 전체 몰입 구조가 흔들린다.

메이시와 슈나이더(Macey & Schneider, 2008)는 몰입을 심리 상태뿐 아니라 동기, 특성, 행동으로 확장했다. 몰입은 조직 구성원이 어떤 특성을 갖고 있는가(특성적 몰입), 어떤 상태에 있는가(상태적 몰입), 어떤 행동을 하는가(행동적 몰입)로 나뉜다. 이 분류는 몰입이 단일한 감정이 아니라 경험의 누적임을 보여 준다. 몰입은 감정의 정적 흐름 속에서 강화된다. 구성원이 인정받을 때, 공정한 평가를 받을 때, 의미 있는 피드백을 받을 때 몰입은 강화된다. 반대로, 조직의 전략과 업무의 연관성이 느껴지지 않거나 상호작용이 무시될 때 몰입은 약화된다.

몰입은 구성원들이 조직 변화를 바라보는 수용성에도 영향을 준다. 몰입한 직원은 변화에 저항하기보다는 기여하려는 태도를 보인다. 조직의 비전과 전략을 자신의 목표로 수용한다. 이는 전환기 조직의 안정성과 지속 가능성에 핵심 자산이 된다. 몰입은 변화에 대한 정서적 방어막이 아니라 촉진자다.

몰입은 조직 시민 행동(OCB)으로 연결된다. 몰입한 직원은 공식적 역할을 넘어서는 행동을 자발적으로 수행한다. 팀원 돕기, 제안하기, 조직 긍정적 홍보 등이다. 이는 몰입이 조직 정체성과 개인 정체성을 통합하는 지점임을 시사한다. 몰입은 역할 수행을 넘어 조직의 심리적 결속력을 강화한다. 한번 형성된 몰입은 외부 충격에도 비교적 안정적으로 유지된다. 스트레스 상황에서도 조직에 대한 신뢰가 유지된다면 몰입은 회복될 수 있다.

따라서 몰입은 단순한 상태가 아닌 정서적 '자산'이다.

몰입을 만드는 경험

몰입의 첫 번째 핵심 선행 요인은 리더십이다. 조직 내 리더의 일관된 지지, 공감, 정직한 의사소통은 직원이 조직에 감정적으로 연결될 수 있는 정서를 유발한다. 특히 중간관리자의 역할이 강조된다. 심리적 안전지대(psychological safety)를 조성하는 리더의 존재가 직원 몰입을 견인한다.

직무 특성(job characteristics)은 몰입 형성의 전통적 기반이다. 직무 특성은 몰입 유발의 조건으로 기술 다양성, 과업 중요성, 자율성, 피드백 등이 포함된다. 최근에는 직원이 자신의 직무에서 '의미'를 느끼는 정도가 몰입에 영향을 미친다는 실증 연구가 다수 진행되고 있다. 리모트 근무 환경에서도 일의 의미가 몰입을 증가시키는 효과가 있다(Perez-Aranda et al., 2025).

구성원이 조직의 지원을 받고 있다는 인식(Perceived Organizational Support, POS)도 주요한 요인으로 입증돼 왔다. 공정한 보상, 명확한 피드백, 성장 기회의 제공이 구성원에게 조직의 지원을 인식하게 한다(Gathmyr et al., 2025). 조직이 개인을 단순한 자원으로 보지 않고,

'존중받는 존재'로 인정할 때 몰입이 유발된다. 이 과정에서 인사 제도와 조직 문화가 복합적으로 작용한다.

몰입은 개인에게 부여된 공식적 책임 이상을 수행하도록 만드는 정서적 기반이다. 조직 내 자발적 협력 행동이 활성화된 환경에서 몰입을 강화한다(Pickford & Joy, 2016). 몰입이 단순한 감정 상태가 아닌, 행동으로 발현되는 역동적 속성이기 때문이다.

조직 내 인정(recognition)도 몰입 유도에 기여한다. 전 등(Zhen et al., 2025)은 팀 내 구성원 간 상호 인정이 창의적 몰입을 유발하는 매개 요소라고 분석했다. 이는 개인의 사회적 소속감과 가시화된 기여가 내적 동기를 강화하는 과정을 의미한다. 성과는 단순한 숫자보다도, 인간관계 속에서 공감과 지지를 통해 가치를 갖게 된다.

몰입의 정서적 기반으로 심리적 계약(psychological contract)의 충족 여부도 중요하다. 우 등(Wu et al., 2025)은 조직이 공정성, 경력 개발 기회 같은 암묵적 기대를 충족할 때 직원의 몰입이 증가한다고 밝혔다. 반대로 계약 위반은 몰입의 급속한 붕괴를 유발한다. 이는 조직-직원 간 신뢰와 기대 정렬이 몰입 유지의 핵심 조건임을 보여 준다.

직무 자율성도 몰입을 자극한다. 자율성이 높을수록

직원의 책임감과 주도성이 강화되며, 이는 몰입을 견인하는 구조적 배경이 된다(Ulawia & Sudiarno, 2025). 자율성은 또한 실패에 대한 두려움을 줄이고, 창의적 해결책을 시도할 수 있는 환경을 조성한다.

마지막으로 정체성과 의미감이 몰입을 강화한다. 왕(Wang, 2025)은 직원이 자신의 역할에서 의미를 찾을 때 몰입이 지속되고, 직무를 넘어서 조직 전체에 대한 긍정적 태도를 형성한다고 봤다. 의미 기반 몰입은 외적 보상과는 구분되는 내적 만족에 기반한 지속성을 제공한다.

몰입의 선행 요인은 다층적이다. 리더십, 직무 특성, 조직 문화, 자율성, 공정성, 의미감, 심리적 안전이 상호작용하면서 몰입을 촉진하거나 저해한다. 특히 직무 변화가 빠른 환경에서는 몰입을 유지하기 위한 유연한 설계가 중요하다. 조직마다 작동하는 요인이 다르기 때문에 정형화된 접근보다 맥락 중심적 진단과 맞춤형 전략이 요구된다.

AI 효능감과 몰입

업무 효율을 높이고, 반복 작업을 자동화하며, 더 나은 의사 결정을 지원하는 AI는 분명 조직에 큰 이점을 준다.

그러나 동시에 AI는 많은 직원에게 불확실성과 두려움을 안겨 주는 존재이기도 하다. 단지 기술을 배운다는 차원을 넘어, '내 일자리가 대체될 수도 있다'는 감정은 그 자체로 스트레스를 유발한다. 타이완 사범대학교 연구팀이 수행한 한 실증 연구는 AI가 조직 내에서 양면적인 영향을 미친다는 점을 명확히 보여 준다(Chuang et al., 2025). AI는 때로는 몰입을 유도하고, 때로는 몰입을 방해한다. 이 연구는 직무 요구-자원(JD-R) 모델을 활용해 AI 효능감과 테크노스트레스가 직원의 몰입, 소진, 일-가정 갈등 등에 어떤 영향을 주는지 600명의 직장인을 대상으로 분석했다. AI 효능감은 몰입을 이끄는 긍정적 동력으로 작용한다. 연구에 따르면 AI를 유용하고 신뢰할 수 있다고 느낀 직원은 몰입도가 약 50% 가까이 증가했으며, 직무 만족도 또한 54% 상승한 것으로 나타났다. 특히 생성형 AI를 사용하는 집단에서 이런 경향이 두드러졌는데, 이는 챗지피티(ChatGPT)나 코파일럿(Copilot)과 같은 도구들이 반복적이고 복잡한 작업을 덜어 주며, 창의적이고 전략적인 일에 더 많은 에너지를 쏟을 수 있게 해 줬기 때문이다.

AI는 항상 긍정적인 요소로만 작동하지 않는다. 같은 연구에서 AI 도입이 '테크노스트레스'라는 새로운 심리적 부담을 동반한다는 사실도 밝혀냈다. 테크노스트레스는 더 빠른 속도를 요구하거나, 업무와 개인 생활의 경계를 침범하거나, 기술의 복잡성을 따라잡아야 하는 압박으로 구성된다. 여기에 AI에 의한 일자리 대체 가능성이나 끊임없는 기술 변화에 대한 두려움이 더해진다. 결과적으로, 이런 스트레스는 직원의 소진을 유발하고, 일-가정 갈등을 증가시키며, 직무 만족도를 낮추는 부정적인 연쇄를 일으킨다.

고객 상담 부서의 한 직원은 새로운 AI 기반 피드백 시스템이 도입된 이후 스트레스를 호소했다. AI가 실시간으로 응대 내용을 분석하고 점수를 매기는 구조였는데, 이는 직원에게 '감시받고 있다'는 감정을 불러일으켰다. 이전보다 더 빠른 속도로 응대를 해야 했고, 사소한 말실수조차 기록되는 시스템은 불안을 가중했다. 결과적으로 해당 직원은 업무 효율이 높아졌음에도 몰입도는 오히려 떨어졌고, 이직을 고민하기에 이르렀다. 그렇다면 조직은 어떻게 해야 AI의 긍정적인 측면을 극대화하고, 부정적인 영향은 최소화할 수 있을까? 몇 가지 실제 사례가 이 질문에 대한 실마리를 제공해 준다.

아무리 좋은 AI 도구가 있어도, 조직이 이를 어떻게 도입하고 설계하느냐에 따라 결과는 완전히 달라질 수 있다. 어떤 조직은 '도입'에만 집중한 나머지, 직원들이 도구를 배우는 과정에서 겪는 심리적 부담을 간과한다. 반면 일부 조직은 AI 도입을 교육이 아닌 '모두의 실험'의 기회로 만들어 간다. 한 스타트업은 생성형 AI 도입 전 'AI 실험 주간'을 만들어 직원이 자유롭게 도구를 테스트하고 피드백을 공유하도록 했다. 실패해도 괜찮은 분위기 속에서 직원은 AI를 '내 일의 일부'로 수용했고, 학습 스트레스도 현저히 낮아졌다.

핵심은 자율성과 경험 중심 설계다. 업무 과정에서 AI가 사람의 판단을 완전히 대체하는 방식이 아니라, 선택권을 제공하는 구조가 필요하다. 예를 들어, 평가보고서를 작성할 때 생성형 AI와 사람이 각각 작성한 초안을 비교하고, 최종 버전을 선택하는 권한을 직원에게 주는 것이다. 이런 방식은 몰입을 방해하는 통제감을 줄이고, 자기 결정권을 강화해 준다. 기술이 몰입의 촉진자가 되려면, 조직은 일방적인 효율성만이 아니라 감정과 자율, 성장이라는 인간의 조건까지 함께 고려한 설계를 해야 한다. 그렇게 할 때, AI는 직원의 몰입을 이끄는 강력한 동반자가 될 수 있다.

참고문헌

Ashfaq, F. et al.(2021). Impact of ethical leadership on employee engagement: role of self-efficacy and organizational commitment. *European Journal of Investigation in Health, Psychology and Education, 11*(3), pp.962~974.

Chuang, Y. T. et al.(2025). Insights from the Job Demands-Resources Model: AI's dual impact on employees' work and life well-being. *International Journal of Information Management, 83*, 102887.

Gallup(2023). State of the Global Workplace Report. https://www.gallup.com/workplace/349484/state-of-the-global-workplace.aspx

Gathmyr, D. et al.(2025). Technological Advancements in Perceived Organizational Support Enhancing Healthcare Systems Towards Sustainable Development Goals. *Aptisi Transactions on Technopreneurship(ATT), 7*(2), pp.516~526.

Harter, J. K. et al.(2002). Business-unit-level relationship between employee satisfaction, employee engagement, and business outcomes: A meta-analysis. *Journal of Applied Psychology, 87*(2), pp.268~279.

Kahn, W. A.(1990). Psychological conditions of personal engagement and disengagement at work. *Academy of Management Journal, 33*(4), pp.692~724.

Macey, W. H. & Schneider, B.(2008). The meaning of employee engagement. *Industrial and Organizational Psychology, 1*(1), pp.3~30.

Perez-Aranda, J. et al.(2025). The Influence of Utilitarian and

Hedonic Aspects on Employees' Continuance Intention in Remote Working Technologies. *International Journal of Human-Computer Interaction*, pp.1~18.

Pickford, H. C. & Joy, G.(2016). Organisational citizenship behaviours: Definitions and dimensions. Said Business School WP, 2016-31.

Saks, A. M.(2006). Antecedents and consequences of employee engagement. *Journal of Managerial Psychology, 21*(7), pp.600~619.

Schaufeli, W. B. & Bakker, A. B.(2004). Job demands, job resources, and their relationship with burnout and engagement: A multi-sample study. *Journal of Organizational Behavior, 25*(3), pp.293~315.

Ulawia, M. H. & Sudiarno, A.(2025). The Influence of Safety Leadership And Safety Knowledge. *Jurnal Teknologi dan Manajemen Industri Terapan, 4*(3), pp.777~788.

Wang, Z.(2025). What we are yet to know about motivation. Rethinking *Motivation and Reward Management*, pp.30~47. Edward Elgar Publishing.

Wu, Y. J. et al.(2025). How do employees interact in routine change? High-involvement work practices at Tencent. *Personnel Review*.

Zhen, Z. et al.(2025). How Digital Transformation Affects Bootleg Innovation. Science & Technology Progress and Policy. https://scholar.google.com/scholar?q=How+Digital+Transformation+Affects+Bootleg+Innovation.+Science+%26+Technology+Progress+and+Policy.+2025&hl=ko&as_sdt=0&as_vis=1&oi=scholart

06
돌봄의 기술, 건강과 복지

빠르게 변화하는 조직 환경 속에서 구성원의 정서적, 신체적 건강은 이제 생산성과 지속 가능성을 좌우하는 핵심 자산으로 부상하고 있다. 직원이 '건강하게 일할 수 있는 조건'을 마련하는 일은 조직의 지속 가능한 성장을 이루는 필수 요소로 자리매김하고 있다. AI는 단순한 업무 효율 도구를 넘어, 개인의 리듬과 감정을 실시간으로 감지하고 조율하는 '웰빙 파트너'로 진화하고 있다. 복지와 기술의 결합은 직원의 행복과 웰빙을 보다 정교하게 연결하는 새로운 방식이 되고 있다.

AI와 민주주의?

직원 웰빙, 조직 성장의 키워드로!

직원의 건강과 웰빙은 단순한 복지의 문제가 아니다. 조직이 지속 가능한 성장을 추구할수록 구성원의 웰빙과 삶의 질을 중심에 둬야 한다는 공감대가 확산되고 있다. 오늘날 직원은 단순한 노동력이 아니라 조직의 정체성과 지속 가능성의 핵심 요소다. 조직은 구성원의 정서적 건강을 전략적 자산으로 인식해야 한다(Santiago-Torner, 2025). 현대 기업은 직원의 직무 만족을 넘어서, 정서적 복지와 삶의 질까지 관리 대상으로 보고 있다.

갤럽의 2023 글로벌 직장 현황 보고서에 따르면, 전 세계 직장인의 44%가 만성적인 스트레스를 경험하고 있으며, 이러한 스트레스는 조직 성과에 부정적인 영향을 미치고 있다. 이 보고서에서는 직원들이 지속적인 스트레스에 노출되면 몰입도가 낮아지고, 생산성 저하로 이어져 회사의 손실로 직결될 수 있다고 지적한다. 이는 직원 웰빙이 단순히 개별 직원의 문제가 아니라, 조직 전체의 성과와 경제적 손실로 이어지는 중요한 요소임을 보여 준다. 결국 직원의 정신적, 신체적 건강을 관리하는 것이 조직의 생산성 향상과 이직률 감소에 중요한 역할을 한다는 결론을 도출할 수 있다. 기업 지속 가능성 지표에 '직원 행복'이 반드시 포함돼야 한다는 제안도 존재한다(Bencsik et al., 2025). 단기 성과 중심의 인사관리 모델이 탈피되고 있다. 기업의 사회적 책임(CSR)에서 직원 복지의 비중이 커지고 있다. 이제 복지는 단순한 비용 항목이 아니라 장기 성과를 견인하는 핵심 요인으로 자리 잡았다.

구성원의 복지가 기업 지속 가능성과 맞닿아 있는 근거는 명확하다. 건강한 직원은 생산성과 참여율이 높다. 복지를 제공하는 조직은 우수 인재 유치와 유지에 유리하다. 연구에 따르면 직원의 웰빙이 기업의 재무 성과에 긍정적 영향을 미친다(Hussain et al, 2025). 조직 차원의 돌봄은 투자 대비 수익률이 높은 전략이다.

직원 복지는 이제 직무 스트레스와 소진(Burnout)을 줄이기 위한 제도로 확산되고 있다. 복지를 실행하는 방식도 달라지고 있다. 일회성 복지보다는 통합 프로그램, 예측 가능한 지원 체계가 선호된다. 대표적으로 사내 상담 제도, 유연 근무제, 정신건강 휴가, 가족 친화 제도가 도입되고 있다. 특히 직원의 '소속감'은 복지와 밀접한 관계를 갖는다. 복지는 단순한 혜택이 아니라 '내가 존중받고 있다는 감정'을 불러일으킨다. 이 감정이 장기적으로 직무 몰입과 조직 충성도를 강화한다. 복지와 심리적 안정이 확보되지 않은 기업은 "이직자 수가 1.8배 이상 높다"(Lodha & Pandya, 2025). 직원은 기업의 정서적 투자에 민감하게 반응한다. 방치되거나 소외감을 느낄 경우, 이직뿐 아니라 소극적 행동, 내부 불만, 불필요한 충돌이 증가한다. 연구에 따르면 팬데믹 기간 동안 이후 직원의 안전, 정신 건강, 일과 삶의 균형이 조직 성과에 미치는 영향이 결정적임을 알 수 있다(Ferdous & Ullah, 2025).

구성원의 웰빙을 높이는 방법

최근 유명 기업들은 웰빙 프로그램에 막대한 자원을 투자하며 직원들의 삶의 질을 높이고 있다. 세일즈포스(Salesforce)는 정신 건강을 우선으로 하는 정책을 적극 시행하고 있다. 직원들에게 매년 6일간의 추가 유급 휴가를 제공해 정신적 여유를 가지도록 장려하며, 웰빙 프로그램을 통해 마음 챙김과 명상 리소스를 제공한다. 이러한 노력은 직원들이 자신의 정신 건강을 돌볼 수 있는 시간과 공간을 제공하는 것으로, 장기적으로는 직원의 몰입도와 업무 만족도를 높이는 데 기여하고 있다.

구글(Google)은 현장 의료진, 피트니스 센터, 건강한 식사 옵션 등 포괄적인 웰빙 프로그램을 운영하고 있다. 특히 명상 수업과 상담 서비스를 통해 정신 건강을 지원하며, 웰빙 세션에 참여하는 직원들에게 재정적 인센티브까지 제공한다. 이러한 시스템은 직원들이 신체와 정신의 균형을 유지하며 업무에 집중할 수 있는 환경을 조성한다.

마이크로소프트(Microsoft)는 직원들이 휴가 중 업무 연결을 끊고 온전히 휴식을 취할 수 있도록 장려하며, 비밀 상담과 정신 건강 지원을 위한 EAP(Employee Assistance Program)를 제공하고 있다. 이는 직원들이 스트레스를 해소하고 정신적 안정감을 유지하는 데 큰 도움을 주며, 마이크로소프트가 직원들의 장기적인 성장을 지원하는 기반이 된다.

줌(Zoom)은 원격 근무로 인한 정신적 피로를 줄이기 위해 '줌 투게더(Zoom Together)'라는 세션을 운영하고 있다. 가상 사교 행사, 팀 빌딩, 요리 강습 등 업무와 관련 없는 활동을 통해 직원들이 심리적 안정을 찾고 동료들과의 관계를 강화할 수 있도록 돕는다. 줌의 이러한 프로그램은 원격 근무로 인한 고립감과 스트레스 해소에 큰 도움을 주고 있다.

우리나라에서도 최근 다양한 시도들이 이뤄지고 있다. 대표적인 예로 주 4일 근무제 도입이 검토되고 있으며, 많은 기업이 이를 시험적으로 운영하고 있다. 주 4일

근무제는 직원들에게 더 많은 휴식과 자기 개발의 시간을 제공해, 업무에 대한 집중도를 높이고 장기적으로 조직의 성과를 향상하는 효과가 있다. 많은 기업이 유연근무제를 통해 직원들이 자신의 일정을 유동적으로 관리할 수 있도록 지원하고 있다. 이를 통해 업무와 개인 생활 간의 균형을 유지하고, 스트레스를 줄일 수 있는 기회를 제공한다. 이 외에도, 마음챙김 프로그램과 피트니스 센터 제공 등의 웰빙 활동을 지원하는 기업들이 늘어나고 있으며, 특히 정신 건강을 위한 심리 상담 서비스를 운영하는 경우도 많다. 국내 웰빙 트렌드는 단순한 복지가 아닌, 직원의 신체적, 정신적 건강을 포괄적으로 관리하며 지속 가능한 성장과 혁신을 추구하는 방향으로 진화하고 있다

AI 에이전트와 직원 웰빙

생산성과 복지는 더 이상 상충되는 개념이 아니다. 오히려 서로를 강화하며, 함께 성장할 수 있는 연결 고리로 인식되고 있다. 이러한 변화 속에서 AI는 단순한 자동화 도구를 넘어 조직 문화의 핵심 파트너로 부상하고 있다. 특히 최근에는 AI 에이전트를 기반으로 한 직원 웰빙 시스템이 주목받고 있다. 과거의 AI가 단순한 업무 효율성 향

상에 집중했다면, 지금의 AI는 인간의 정서와 생체 리듬, 몰입도와 스트레스 반응까지 이해하고 조율하는 정교한 파트너가 되려는 것이다. 순다라잔(Sundarajan, 2025)은 AI를 활용해 조직의 생산성과 직원의 웰빙을 동시에 향상할 수 있는 프레임워크를 제안하며, 이를 통해 더 건강하고 지속 가능한 직장 환경을 구축하려는 시도를 제시했다. 연구의 중심에는 인간 중심의 AI 설계가 있다.

AI는 인간의 인지적, 정서적 상태를 실시간으로 분석하고, 그에 따라 업무 강도와 피드백, 환경 조건까지 조정할 수 있어야 한다. 이를 위해 연구진은 뇌파(EEG), 기능성 자기 공명 영상(fMRI), 피부 전도, 심박 변이도(HRV) 등 다양한 신경생리학적 데이터를 통합해 인간의 몰입도와 피로도, 정서 상태를 정량화하고, 이를 기반으로 인지적 방해를 최소화하는 최적화 모델을 구축했다. 이 모델은 단순히 데이터를 수집하는 데 그치지 않고, 업무를 조정하고, 실시간 피드백을 제공하며, 개별 직원의 현재 상태에 가장 적합한 과업을 배정하는 방식으로 작동한다.

예를 들어, 한 직원이 오전 회의에서 높은 스트레스를 경험한 것으로 감지됐다면, AI는 그의 생체 데이터를 바탕으로 해당 시간대에는 반복적이고 단순한 업무를 배정하고, 이후 정서 상태가 안정된 시점에 고난이도의 문제 해결 과제를 배치할 수 있다. 이는 사람의 하루 리듬에 따른 자연스러운 에너지 흐름을 반영하는 접근이자, 기술이 인간의 생체 리듬에 맞춰 조응하는 하나의 예다.

또한 '게이미피케이션'의 원리를 AI에 통합함으로써 직원 참여도를 높일 수 있다. 게임화 시스템은 자연어 처리(NLP) 기술을 활용해 직원의 업무 반응, 성과 데이터, 감성적 표현 등을 실시간으로 분석한 후, 개별 직원에게 가장 효과적인 동기 부여 메커니즘을 설계한다. 성취감을 느끼는 유형, 경쟁을 즐기는 유형, 피드백에 민감한 유형 등 각각의 동기 부여 스타일을 강화 학습 알고리즘을 통해 지속적으로 학습하며 최적화해 나가는 것이다. 결과적으로 이는 단순한 보상 시스템이 아닌, 감정적 유대와 자기 효능감을 자극하는 참여 중심 환경으로 이어진다.

작업 일정 역시 지능형 AI 시스템의 통제를 받는다. AI는 팀원들의 실시간 가용성, 업무 강도, 스트레스 지표 등을 통합 분석해 작업의 우선순위를 재배치하며, 필요시 업무를 재조정한다. 이는 갑작스러운 업무 폭주나 협업 불균형을 예방하고, 직원 개개인의 컨디션에 맞춘 작업 배분을 가능케 한다. 나아가 회의 시간도 조정되고,

집중력이 높은 시간대에 창의적 과제가 배치되는 등, 직원이 가장 몰입할 수 있는 타이밍을 중심으로 하루 일과가 재구성된다.

웰빙 중심의 AI 전략에서 특히 눈길을 끄는 부분은 '건강 증진을 위한 주변 환경을 통제하는 기술'이다. AI는 직원의 생체 신호뿐만 아니라 사무 공간의 조도, 소음, 온도 같은 환경 요인까지 분석해 최적의 근무 환경을 조성한다. 예를 들어, 오후 시간대에 피로도가 높게 측정된 직원에게는 집중을 돕는 조도를 자동 설정하거나, 스트레스 반응이 감지된 순간에 휴식 알림을 제공하는 식이다. 이 모든 개입은 강화 학습을 통해 개인의 반응을 지속적으로 학습하며 점차 정교해지고 개인화할 수 있다.

이러한 시스템은 단일 AI가 아닌, 다중 에이전트 구조로 설계돼 협업적으로 운영된다. 각 에이전트는 상호 대화를 통해 서로의 판단을 조율하며, 종종 인간의 회의 방식과 유사한 형태로 합의점을 도출한다. 예를 들어, 스케줄링 에이전트와 건강 관리 에이전트가 특정 직원의 업무량 조정 여부를 두고 '토론'을 벌이기도 한다. 이는 단순한 명령 기반 AI를 넘어, 맥락과 목적을 고려한 지능적 의사 결정의 구현으로 볼 수 있다.

AI 기반 웰빙 시스템이 도입될 경우, 조직은 단기적으로는 업무 집중도, 작업 완료율, 산출물의 품질이라는 측면에서 개선을 경험하게 될 것이다. AI 기반 웰빙 시스템의 활용 가능성은 산업 전반에 걸쳐 무궁무진하다. 기업에서는 팀 단위 생산성을 높이기 위한 인지 최적화 모델로, 병원에서는 교대 근무자의 피로도 조절을 위한 생체 피드백 시스템으로, 학교에서는 학습 몰입도 향상을 위한 적응형 게임화 툴로 확장 적용이 가능하다. 물론 이 모든 가능성은 실제 환경에서의 적용과 경험적 검증이 필요하다. 현재는 시뮬레이션 데이터를 활용한 이론적 검토 단계에 머무르고 있지만, 향후 실증 연구를 통해 현실에서 만나게 될 것이다.

참고문헌

Ferdous, J. & Ullah, A. A.(2025). COVID-19, vaccine diplomacy, and migrant workers. In Rajan, S. I.(ed.). *Handbook of Research on Migration, COVID-19 and Cities,* pp.372~383. Edward Elgar.

Gallup(2023). State of the Global Workplace: 2023 Report.

Hussain, M. et al.(2025). Examining employee well-being and financial performance in microfinance institutions: insights from cross-country analysis. *Journal of Social and Economic Development.*

Lodha, P. & Pandya, A.(2025). Ethical Dilemmas of Digitalisation of Mental Health: Balancing Technological Advancement with Ethical Considerations. *Frontiers in Human Dynamics.*

Santiago-Torner, C.(2025). Benevolent Climates and Burnout Prevention: Strategic Insights for HR Through Job Autonomy. *Administrative Sciences, 15*(7), pp.1~22.

Sundarajan, A.(2025). Enhancing Workplace Productivity and Well-being Using AI Agent. arXiv:2501.02368.

Bencsik, A. et al.(2025). Indicators of Organizational Happiness: Adaptation of GNH of Business to Christian Culture. *Sustainable Futures, 10.*

07
흔들림의 신호, 이탈과 리텐션

직원의 이탈은 단순한 인력 손실이 아니다. 조직의 정체성과 성과, 미래의 지속 가능성에 직접적인 충격을 주는 구조적 리스크다. 지금 조직은 '머물고 싶은 이유'를 만들어야 하는 시대에 들어섰다. HR 데이터와 AI가 결합되면, 이직의 '결과'가 아닌 '징후'를 미리 포착할 수 있다. 데이터는 행동을 예측하고, 예측은 개입을 가능하게 한다.

AI와 애니메이션?

직원 이탈의 손실

직원 리텐션(retention)과 이직 방지는 조직의 정체성, 성과, 비용 구조, 그리고 미래 지속 가능성과 직결된다. 인재를 유치하는 것만큼, 유지하는 일이 중요하다는 인식이 전 세계 기업들 사이에서 확산되고 있다. 조직은 이제 '채용 후 관리'의 시대에 들어섰다.

한 명의 직원을 잃을 때, 기업은 연봉의 약 20%에 해당하는 비용을 부담한다(Boushey & Glynn, 2012). 이 수치에는 채용, 교육, 업무 적응 과정에서 발생하는 비용과 생산성 손실이 포함된다. 고급 기술 인력이나 관리자급에서는 이 비율이 200%까지 상승하기도 한다. 즉, 이직률이 높을수록 조직은 재정적 압박을 받을 수밖에 없다.

이직의 이면에는 조직 문화와 감정의 문제들이 복잡하게 얽혀 있다. 구성원은 '존중받는 경험', '성장의 가능성', '리더와의 관계'를 이유로 남거나 떠난다. 이직 결정의 60% 이상은 정서적 요인에서 비롯된다(Hom et al, 2017). 피로감, 무시당함, 의미감 상실 같은 감정은 서서히 쌓이다 어느 날 이직이라는 사건이 된다.

직원 리텐션의 핵심은 '심리적 유대'다. 조직에 남아 있는 구성원은 자리에 눌러앉은 것이 아니라, 관계에 머

묻고 있다. '사회적 유대'는 낮은 이직률과 상관관계가 있다(Allen & Shanock, 2013). 동료와 리더와의 연결감이 강할수록 이직 의도는 낮아질 가능성이 높다. 구성원은 조직을 떠나는 것이 아니라, 관계를 떠나는 경우가 많다.

신뢰는 리텐션의 결정적 요소다. 이직률이 높은 조직일수록 상호 신뢰 수준이 낮은 경향을 보인다. 진 등(Jin et al., 2019)의 연구는 상사와의 신뢰 관계가 낮은 조직은 이직률이 3배 이상 높다고 밝혔다. 상사의 피드백 방식, 약속 이행 여부, 성과 평가의 공정성이 구성원의 '잔류 의사'에 깊은 영향을 미친다. 직원을 잡아 두는 것은 시스템이 아니라 관계다.

경력 개발 경로의 명확성도 중요한 요인이다. 구성원이 조직 안에서 자신의 미래를 그릴 수 있어야 남아 있을 동기가 생긴다. 경력 성장 기회를 명확히 제공받은 직원은 그렇지 않은 직원에 비해 이직률이 절반 이상 낮다(DeRue & Wellman, 2009). 조직이 개인의 성장 서사를 지원할 때, 구성원은 장기적 관계를 선택한다.

조직 문화 역시 리텐션을 결정짓는 강력한 맥락이다. 부정적 회의 분위기, 배타적 커뮤니케이션, 상시적 경쟁 구조는 구성원에게 정서적 소외를 유발한다. 반면, 존중과 포용, 협업이 장려되는 문화는 감정적 안정감을 제공하고 이직 충동을 완화한다. 회의 내 상호작용의 질이 몰입뿐 아니라 잔류 의사에도 직접적 영향을 준다(Baer et al, 2008). 구성원이 회의에서 존중받는다고 느낄 때, 조직 전체를 긍정적으로 바라볼 가능성이 높아진다.

무엇보다, 이직의 원인은 '단절의 감정'에서 비롯된다. 구성원이 자신의 기여가 인식되지 않고, 성장 가능성이 차단되며, 정체성에 혼란을 겪을 때 이직은 심리적 탈출구가 된다. 일상에서 의미를 느끼는 빈도와 강도가 조직 애착과 직결된다(Wrzesniewski et al, 1997). 반대로, 조직에 남아야 할 이유가 사라진다면, 어떤 조건도 구성원을 붙잡아 두지 못한다.

리텐션 전략은 구성원의 감정 구조를 이해하고 설계하는 작업이다. 단순히 퇴사를 막는 것이 아니라, 머물 이유를 만드는 것이다. 구성원이 '남고 싶은 조직'을 만들기 위해선 리더십, 문화, 인정, 성장, 복지의 총체적 설계가 필요하다. 조직은 유능한 사람을 찾는 곳이 아니라, '머물고 싶은 이유'를 증명해야 하는 공간이 됐다.

피플 애널리틱스와 이직 예측 모델

HR 데이터는 이러한 이직의 '결과'가 아니라 '징후'를 포착할 수 있는 전략적 도구다. 리텐션 전략이 효과를 발휘하려면 이직의 원인을 사후 분석하는 것에 그치지 않고, 데이터를 기반으로 사전 탐지와 대응 체계를 마련해야 한다.

이직은 갑작스럽게 일어나는 현상이 아니다. 구성원은 일정 기간 조직에 대한 애착이 약화되고, 자신의 미래 가능성을 조직 내에서 찾지 못하게 될 때 퇴사를 결심한다. 따라서 조직은 이직의 신호를 포착해야 한다. 퇴사자는 퇴사하기 전에 이미 조직으로부터 멀어져 있다(Allen, 2008). HR 데이터는 이러한 '심리적 거리감'을 지표로 환산해 조기에 경고음을 제공할 수 있다.

리스크 탐지의 첫걸음은 정성적 데이터를 정량화하는 것이다. 예를 들어, 평가 점수의 지속적인 하락, 잦은 결근, 사내 플랫폼 접속 빈도 감소, 피드백 응답률 하락 등은 '이직 고려'의 정황으로 분석된다. 피드백에 소극적인 직원일수록 조직 잔류 의사가 낮다(Ghosh & Gurunathan, 2014). 반응하지 않는다는 것은 이미 조직으로부터 정서적 이탈이 시작됐음을 의미한다.

피플 애널리틱스(People Analytics)는 크게 네 가지 분석 유형으로 나뉜다. 각각의 단계는 조직의 데이터 활용 성숙도를 나타내며, HR이 조직의 미래를 선제적으로 관리하는 데 핵심 역할을 한다.

첫 번째는 기술적 분석(Descriptive Analytics)이다. 기술적 분석은 '무슨 일이 일어났는지'를 보여 주는 분석이다. 최근 3년간 핵심 인재의 이직률, 부서별 평균 근속 기간, 퇴사 전 평가 점수 변화 등 기초적인 데이터를 한눈에 볼 수 있는 대시보드를 구축하면 이직이 어디에서, 언제 집중적으로 발생했는지를 파악할 수 있다.

두 번째 단계는 진단적 분석(Diagnostic Analytics)이다. 이 분석은 '왜 그런 일이 일어났는지'를 깊이 파고든다. 퇴직자와 남은 사람을 비교해 직무 만족도, 리더십 평가, 보상 만족도, 성장 기회 등의 설문 데이터를 심도 있게 분석할 수 있다. 필자가 진행했던 한 퇴사자 분석에서는 퇴사자의 72%가 상사와의 관계 악화와 명확하지 않은 성장 기회를 주요 이직 이유로 꼽았다. 특히 퇴사 6개월 전부터 상사와의 관계 만족도가 급격히 낮아졌다는 사실을 확인했다. 이 분석을 통해 조직 내 리더십 개발 프로그램을 재편성하고, 피드백 문화를 강화하는 계기를 마련할 수 있었다.

세 번째 단계는 예측적 분석(Predictive Analytics)이다. 예측적 분석은 과거 데이터를 활용해 미래의 인력 리스크를 예측한다. 근속 기간, 직무 유형, 성과 추이, 보상 수준 등의 데이터를 바탕으로 핵심 인재의 이직 가능성을 예측할 수 있다. 이 분석을 통해 특정 부서의 핵심 인재들이 향후 6개월 내에 높은 이직 가능성을 보인다는 것을 미리 알게 됐으며, HRBP는 이들과 즉시 면담을 진행하고 사전적 대처를 할 수 있었다.

마지막 단계는 처방적 분석(Prescriptive Analytics)으로, '어떻게 대응할 것인가'라는 문제에 직접적이고 구체적인 해결책을 제시한다. 이 단계는 예측된 리스크를 해결하기 위한 다양한 시나리오를 시뮬레이션한다. 닐슨은 내부 분석을 통해, 부서 이동이 가능한 핵심 인재를 다른 부서로 수평 이동시켰을 때 자발적 이직률이 48% 감소한 효과를 확인했다. 특히 이동 제안을 받은 인재의 40%가 이를 수용했고, 6개월 후 이직자는 0%였다.

피플 애널리틱스는 사람과 관련된 문제의 현상을 정확히 파악하고(Descriptive), 그 이유를 깊이 이해하며(Diagnostic), 앞으로 일어날 일을 미리 감지하고(Predictive), 이에 대한 최적의 해결책을 제안하는(Prescriptive) 전략적 사고의 과정이다. 인재의 이탈이라는 문제를 단순한 사건으로 보는 대신, 조직 전체의 전략적 문제로 바라보고 문제를 해결해야 한다(윤명훈, 2025).

AI 기반 이직 예측

AI 기반 이직 예측 시스템의 출발점은 '데이터'다. IT 종사자들을 대상으로 한 양지원 등(2022)의 연구에서는 성격, 직무 스트레스, 조직 문화, 보상 체계, 일과 삶의 균형 등 다양한 요인을 측정하고 학습하는 구조를 설계했다. 연구진은 설문 기반의 시스템을 통해 데이터를 수집하고, 이를 가공해 딥러닝 모델로 학습시켰다. 이 시스템은 단지 수치만을 보는 것이 아니라, 개인의 심리와 조직 맥락을 종합적으로 반영하도록 설계됐다. 예를 들어 '나는 현재 조직에 만족한다'는 응답은 숫자 하나로 단순화되지 않고, 스트레스 수준, 보상 인식, 팀 내 관계 등 복합적 요인과 함께 분석한다. 이처럼 정량과 정성의 경계를 넘나드는 데이터 수집은 AI의 정밀도를 높이는 핵심 기초가 된다.

조규철(2025)은 6000명이 넘는 공무원 데이터를 바탕으로 XGBoost와 SHAP 같은 설명 가능 AI(XAI)를 활용해 개인별 이직 의도를 예측하고 시각화했다. 예측이 단순히 '될 것인가'에 그치는 것이 아니라 '왜 그런가'를 보여 줄 수 있는 구조를 설계한 점이 특징적이다. AI 모델은 종종 '블랙박스'로 비유된다. 높은 예측 정확도를 자랑하지만, 왜 그런 예측이 나왔는지에 대한 설명은 부족하다. 특히 HR처럼 사람의 삶과 미래에 영향을 주는 분야에서는 이 설명력의 부재가 윤리적 문제로 이어질 수 있다. 이에 대한 해법으로 떠오른 것이 바로 SHAP 같은 XAI 기법이다. SHAP는 직무 만족, 스트레스, 상급자 리더십 등과 같은 주요 변수가 이직 의도 예측에 얼마나, 어떤 방향으로 기여했는지를 정량적으로 시각화한다. 예를 들어, 한 공무원이 이직할 가능성이 높다는 예측이 나왔다면, 이는 '상급자의 지원 부족'과 '업무 과중'이라는 요인에서 비롯됐음을 SHAP 그래프를 통해 확인할 수 있다. 이러한 투명한 설명력은 조직 내부에서 신뢰를 확보하는 데 매우 중요하다. 직원은 자신이 왜 리스크 대상자로 분류됐는지를 알 수 있고, 관리자 역시 이 정보를 바탕으로 타당한 맞춤형 개입을 설계할 수 있다. 설명 가능성이 확보된 예측은 단순한 경고가 아니라 행동 가능한 인사이트가 된다.

이직 예측은 그 자체로 목적이 될 수 없다. 진정한 가치는 이를 토대로 조직이 어떤 개입을 하느냐에 달려 있다. AI가 '누가 위험한가'를 알려 준다면, 조직은 '그들에게 무엇을 제공할 것인가'를 고민해야 한다. 양지원 등(2022)의 연구에서는 이직 가능성이 높은 IT 종사자들에게 성격 유형과 조직 적합도를 기준으로 개인화된 워크

플랜을 설계할 수 있도록 제안한다. 스트레스를 많이 받는 유형에게는 재택 근무나 휴식 제도를, 성취 욕구가 강한 이에게는 성장 경로와 보상 정책을 제공할 수 있다. '예측 기반 개입'은 단지 HR의 업무로만 국한되지 않는다. 예측 결과는 팀장과 임원, 심지어 직원 본인에게까지 공유돼야 하며, 조직 전반의 커뮤니케이션과 리더십 전략에 반영돼야 한다.

참고문헌

양지원 외(2022). "인공지능 기반 이직 가능성 예측을 위한 데이터 학습 시스템에 관한 연구". 《한국통신학회 학술대회논문집》.

윤명훈(2025). "데이터는 알고 있다! '핵심인재 이탈 전조 증상'". 《월간 인재경영》, 244.

조규철(2025). "XAI의 공공 인적자원관리 적용연구: 설명가능 머신러닝을 통한 개별공무원의 이직의도 예측과 설명을 중심으로". 《국정관리연구》, 20(1), 27~68쪽.

Allen, D. G.(2008). Retaining talent: A guide to analyzing and managing employee turnover. SHRM Foundation.

Allen, D. G. & Shanock, L. R.(2013). Perceived Organizational Support and Embeddedness as Key Mechanisms Connecting Socialization Tactics to Commitment and Turnover. *Journal of Organizational Behavior, 34*(3), pp.350~369.

Baer, M. et al.(2008). The personality composition of teams and creativity: The moderating role of team creative confidence. *The Journal of Creative Behavior, 42*(4), pp.255~282.

Boushey, H. & Glynn, S. J.(2012). There Are Significant Business Costs to Replacing Employees. Center for American Progress.

DeRue, D. S. & Wellman, N.(2009). Developing leaders via experience: The role of developmental challenge, learning orientation, and feedback availability. *Journal of Applied Psychology, 94*(4), pp.859~875.

Ghosh, D. & Gurunathan, L.(2014). Linking perceived corporate social responsibility and intention to quit: The mediating role of job embeddedness. *Vision, 18*(3), pp.175~183.

Hom, P. W. et al.(2017). One hundred years of employee turnover theory and research. *Journal of Applied Psychology, 102*(3), pp.530~545.

Jin, M. H. et al.(2019). Making public service motivation count for increasing organizational fit: The role of followership behavior and leader support as a causal mechanism. *International Review of Administrative Sciences, 85*(1), pp.98~115.

Wrzesniewski, A. et al.(1997). Jobs, careers, and callings: People's relations to their work. *Journal of Research in Personality, 37*(1), pp.21~33.

08
좋은 이별, 오프보딩의 설계

이별의 순간이야말로 조직의 성숙도를 보여 주는 마지막 접점이다. 잘 설계된 오프보딩은 사내 지식의 보존, 보안의 강화, 브랜드 이미지 향상으로 이어진다. AI는 감정 분석을 통해 퇴직자의 경험을 이해하고, 지식 관리 시스템으로 노하우를 보존하며, 보안 자동화를 통해 위험을 선제적으로 차단한다.

AI와 인재 채용?

오프보딩의 중요성

과거에는 퇴사자의 감정과 경험은 조직에서 중요한 관심사가 아니었다. 그러나 최근 HR 연구는 오프보딩을 '전체 직원 경험(employee experience)의 완결'로 보고 있다. 마지막 경험이 나쁘면 이전 모든 긍정 경험이 무의미해진다는 통찰 때문이다.

오프보딩(offboarding)은 조직과 구성원이 서로 작별하는 일련의 경험이며, 단지 퇴사 절차가 아니라 조직의 품격과 신뢰를 보여 주는 문화적 이벤트다. 퇴사자에게만 영향을 미치는 과정이 아니다. 조직에 남는 구성원에게도 깊은 인상을 남긴다. 동료의 퇴사가 혼란과 불신, 위기감을 유발할 수 있기 때문이다.

떠나는 사람과 남는 사람이 서로 존중하며 작별하는 방식은 조직의 심리적 안정성을 높인다. 홈 등(Hom et al., 2017)은 건강한 퇴사 문화를 가진 조직일수록 이직률이 낮고, 복귀율이 높다고 밝혔다. 이는 오프보딩이 곧 재입사의 관문이 될 수 있음을 시사한다.

퇴사자의 경험은 향후 기업의 평판에 직접적으로 반영된다. 기업 리뷰 사이트인 글래스도어(Glassdoor)의 리뷰를 보면, 퇴사 후 직원들의 평가는 기업 브랜드에 큰 영향을 미친다. 구성원이 직접 작성한 리뷰는 그 어떤 브랜딩 캠페인보다 강력한 메시지를 지닌다(Kulkarni & Mohanty, 2022). 퇴사자가 조직에 대한 존중과 감사를 표현할 수 있도록 돕는 오프보딩은 평판 관리의 핵심이다.

많은 기업이 퇴사자에 의한 암묵지의 유출을 경험하고 있다. 오프보딩을 통해 퇴사자가 자신의 업무 노하우를 문서화하고, 후임자에게 전수하는 체계를 갖춘다면 업무 연속성과 조직 지식의 유지가 가능해진다.

심리적 차원에서의 정리도 중요하다. 조직을 떠나는 구성원에게는 일종의 '경력의 이동 의식'이 필요하다. 감사 편지, 송별 인터뷰, 작별 회식 같은 의례는 그 자체로 구성원의 정체성과 자긍심을 지켜 주는 장치다. 조직 입장에서도 퇴사자는 미래의 고객, 파트너, 심지어 재입사자가 될 수 있다. 조직의 마지막 태도는 곧 다음 관계의 출발점이 된다.

최근 HR 트렌드는 '라이프사이클 HR'로 변화하고 있다. 채용, 온보딩, 성장, 이직까지 직원의 전 생애를 HR이 설계하고 관리해야 한다는 접근이다. 이 흐름 속에서 오프보딩은 단순한 종료 절차가 아닌, '경험의 완성'으로 진화하고 있다. 좋은 오프보딩은 직원 경험을 완성하고, 조직 문화를 긍정적으로 확산시키는 힘이 있다. 떠나는 사람의 마음을 다룰 줄 아는 조직만이 새로운 인재를 품을 준비가 된 조직이다.

넷플릭스는 퇴직자가 남은 재직자에게 마지막으로 보내는 메일인 '부검 메일'을 보내는 문화가 있다. 퇴직 전 2주 동안 퇴직자와 직속 리더, HR 담당자가 모여 5가지 주제에 대해 이야기를 나누며 부검 메일을 준비한다. 첫째, 다른 직원들이 이해할 수 있는 떠나는 이유를 작성한다. 둘째, 회사에서 새로 배운 것과 경험한 것을 작성한다. 셋째, 회사에 아쉬운 점을 작성한다. 넷플릭스가 이런 회사였다면 퇴사하지 않았을 것을 전제로 솔직하게 작성한다. 넷째, 앞으로의 계획을 작성한다. 이직하는 직장과 대략적인 업무 내용을 포함한다. 마지막으로 직원을 떠나보내는 넷플릭스의 입장을 작성한다. 부검 메일을 통해 넷플릭스는 조직 문화를 검토하고, 구성원의 경험을 확인할 수 있다. 또한 남은 직원들이 퇴사자가 떠나는 이유를 명확히 알게 돼 근거 없는 소문이 사내에 퍼지는 것을 예방할 수 있다.

에어비앤비는 코로나 사태로 인해 많은 직원을 해고해야만 했다. 당시 CEO인 브라이언 체스키는 임원에게 편지를 보내며, 기업의 상황, 비전에 근거한 해고 절차와 기준, 보상과 취업 및 후속 지원, 감사와 사과의 메시지를 담았다. 이후 에어비앤비에 재직했던 직원들은 여전히 에어비앤비라는 기업에 대해 긍정적인 이미지를 가지고 있다고 밝혔다. 이와 비슷한 사례로 일본 자동차 제조업체 닛산(Nissan)은 1999년 대규모 구조 조정에 앞서 충분한 커뮤니케이션을 진행해 큰 마찰 없이 구조 조정을 이행했다. 구조 조정 배경과 방법, 퇴직 방안 등 구성원과 충분한 커뮤니케이션을 진행한 것이다.

도요타, 파나소닉, 스미토모상사 등 일본 대기업들은 전용 사이트를 만들어 퇴사자들과 네트워킹을 이어 가고 있다. '알룸나이(졸업생)' 제도를 운용하고 퇴사자를 다시 고용하는 사례도 적지 않다. 회사 밖의 세계를 경험한 '재입사자'는 조직에 익숙하면서도 새로운 시각을 갖춘 인재이기 때문이다.

오프보딩의 자동화

오프보딩 과정이 체계적으로 관리되지 않으면 보안 위험, 지식 유실, 기업 평판 훼손 등의 문제가 발생할 수 있다. 실제로 열악한 오프보딩은 회사의 중요한 노하우가 사라지거나, 퇴직 직원이 느낀 불만으로 인해 기업에 대한 부정적 후기가 퍼지는 등 심각한 영향을 줄 수 있다.

자동화된 소프트웨어 봇과 자연어 처리 기술, 머신러

닝 기반 데이터 분석 등을 통해 AI는 그동안 수작업으로 이뤄지던 오프보딩 업무에 자동화, 지능화, 개인화를 도입해 퇴직 절차를 개선하고 있다. AI 활용을 통해 기업은 퇴직 과정을 보다 체계적이고 가치 있게 관리해 지식을 보존하고 보안을 강화하며 퇴직자도 만족할 만한 경험을 제공할 수 있게 된다.

오프 보딩의 주요 과제는 회사 자산 회수, 법적 준수, 시스템 접근 차단, 퇴직 직원의 향후 관계 관리 등이다. AI 기반 설루션을 활용하면 보안 취약점을 줄이고 실수를 방지하며, 업무 서류 처리를 간소화하고 HR의 부담을 크게 덜 수 있다.

구성원의 퇴사로 인한 가장 큰 손실 중 하나는 축적된 지식의 유실이다. 오랜 기간 경험과 노하우를 쌓은 숙련 직원이 회사를 떠날 때, 그동안의 기반 지식도 함께 사라질 수 있다. AI 기반 지식 관리 도구를 활용하면 퇴사자와의 구조화된 인터뷰를 자동으로 수행하고, 그의 문서들을 스캔해 핵심 정보를 추출한 뒤, 이를 회사 내 검색 가능한 지식 데이터베이스로 정리할 수 있다. 예를 들어 AI가 퇴직자의 업무 매뉴얼, 보고서, 이메일 등을 자연어 처리로 분석해 후임자용 핵심 인수인계 문서를 자동 작성해 주는 시나리오를 생각해 볼 수 있다. 실제로 AI 툴을 통해 퇴직자의 화면 공유 인터뷰를 녹화하고 질의응답을 진행해 업무 절차를 영상 튜토리얼로 남기거나, 방대한 이메일 로그에서 프로젝트 의사 결정 과정을 요약해 내는 것이 가능하다. 생성 AI 모델은 이러한 대량의 텍스트 데이터를 요약하고 체계화해 새로운 지식 문서를 자동 생성할 수도 있다. 이를 통해 남은 팀원들은 떠난 동료가 남긴 지식을 빠르게 습득하고 업무 공백을 최소화할 수 있다.

마이크로소프트의 비바 토픽스(Viva Topics)와 같은 AI 기반 지식 플랫폼은 사내 정보를 자동 수집, 분류해 직원들이 나중에도 필요한 정보를 쉽게 찾아볼 수 있게 한다. AI로 구축된 지식 베이스와 챗봇을 연계하면, 남아 있는 직원들이 퇴사한 동료의 업무 지식에 대해 언제든 질문해 답변을 얻는 것도 가능하다. 이러한 AI 지식 비서는 퇴직 이후에도 조직 내에 그 사람의 전문 지식이 살아남아 필요한 때 활용될 수 있도록 해 준다.

퇴사하는 직원이 회사에 대해 품는 감정과 기억은 훗날 그 사람이 회사에 대해 주변에 말하는 내용이나 온라인 후기 등으로 이어져 기업 평판과 채용 브랜드에 영향을 줄 수 있다. AI를 활용해 퇴직자의 감정적 경험을 관리하고 부정적 감정을 완화할 수 있다. 우선, 자연어 처리 기반 감성 분석(Sentiment Analysis)을 통해 퇴직 과정에서 나타나는 직원의 감정 신호를 포착할 수 있다. 전통적으로 대면 면담에서는 직원들이 솔직한 속마음을 숨기는 경향이 있지만, AI는 텍스트에 담긴 미묘한 감정적 뉘앙스까지 파악해 숨겨진 문제점을 밝혀낼 수 있다. AI의 감성 분석 결과는 HR 부서가 오프보딩 절차를 개선하는 데 큰 도움을 준다. 예를 들어, 다수 퇴직자들의 대화에서 '업무 인수인계가 혼란스러웠다'는 부정적 감정이 감지된다면, 회사는 인수인계 프로세스를 개선해야 한다거나, 또는 '직속 상사와 갈등이 있었다'는 뉘앙스가 여러 번 드러난다면, 특정 부서의 관리 문제를 해결하기 위한 조치를 고민해 볼 수 있다. AI 덕분에 회사는 이전에는 놓치기 쉬웠던 문화적 이슈나 관리상의 문제를 데이터 기반으로 파악하고, 남은 직원들의 경험을 개선함으로써 조직 건강을 증진할 수 있다.

오프보딩의 핵심은 퇴직자가 오프보딩 과정에서 긍정적이고 존중받는 느낌을 받는 것이다. AI 챗봇 등을 통해 퇴직자에게 필요한 정보를 신속히 제공하고 질문에 답변함으로써, 그들이 소외감을 느끼지 않도록 돕는다. 예를 들어 챗봇이 "퇴사일까지 사용하지 않은 연차는 어떻게 처리되나요?" 같은 질문에 24시간 실시간 답변해 준다면, 퇴사자는 안심하고 절차를 따라갈 수 있게 된다. 이러한 세심한 지원은 퇴직자가 마지막까지 회사로부터 존중받고 있다는 인상을 심어 줘, 이후에도 회사에 대한 긍정적인 감정을 유지하도록 해 준다.

보안과 컴플라이언스는 오프보딩 과정에서 절대 간과해서는 안 될 요소다. 직원이 회사를 떠날 때 회사의 민감한 정보와 자산을 안전하게 지키지 못하면, 내부자 위협이나 데이터 유출 같은 심각한 보안 사고로 이어질 수 있다. 퇴직자의 회사 계정이 제때 비활성화되지 않으면, 퇴사 후에도 회사 시스템에 접근해 자료를 훼손하거나 유출하는 일이 벌어질 수 있다. 실제로 2020년 시스코(Cisco)에서는 한 퇴직 엔지니어의 계정을 제대로 끊지 못한 바람에, 그가 456개의 가상 서버를 삭제해 약 240만 달러의 피해를 끼친 사건이 있었다(Sherpact, 2025).

AI 기반 보안 자동화 시스템은 직원의 퇴사 일정이 결정되는 즉시 관련된 모든 IT 시스템의 계정과 접근 권한을 일괄적으로 비활성화할 수 있다. 수작업으로 하나하나 권한을 끄는 경우 사람의 실수로 몇 가지가 누락될 위험이 있지만, AI를 통한 자동 워크플로는 수 초 내에 다수의 시스템 권한을 빠짐없이 회수해 인적 오류를 최소화한다. AI는 퇴직 통보부터 마지막 근무일까지의 기간 동안 해당 직원의 디지털 활동의 이상 징후를 감지할 수 있다. 예를 들어, 평소보다 대량의 파일을 다운로드한다거나, 평소 접근하지 않던 민감 정보에 접근하는 행위가 감지되면 즉시 보안팀에 경고를 보낸다. 이러한 이상 행위 감지를 통해 내부자가 퇴사 직전에 정보를 몰래 빼내는 시도를 미연에 방지할 수 있다. AI의 도입으로 오프보딩 과정은 보안상 허점 없이 철저해지고, 회사는 퇴직자 처리와 관련된 법적 의무를 빈틈없이 이행할 수 있게 된다.

오프보딩에는 생각보다 많은 반복적이고 행정적인 작업이 수반된다. 이러한 업무들이 한두 건일 때는 수작업으로 처리할 수 있지만, 퇴사자가 많은 대기업이거나 희망 퇴직, 구조 조정처럼 동시에 여러 명이 퇴사하는 경우라면, 누군가 한 단계라도 놓치기 십상이다. 결과적으로 HR 담당자들은 큰 업무 부담을 느끼고 실수 위험이 높아지며, 퇴직자들은 필요한 절차가 제때 이뤄지지 않아 불편함을 겪을 수 있다. AI는 이러한 오프보딩 프로세스 전체를 자동화함으로써 효율성을 높인다. AI를 통한 프로세스 자동화는 기업의 운영 효율을 높임과 동시에 퇴직자 만족도도 함께 높여 주는 윈윈(win-win) 전략이라고 할 수 있다.

참고문헌

Allen, D. G. & Shanock, L. R.(2013). Perceived organizational support and embeddedness as key mechanisms connecting socialization tactics to commitment and turnover among new employees. *Journal of Organizational Behavior, 34*(3), pp.350~369.

Boushey, H. & Glynn, S. J.(2012). There Are Significant Business Costs to Replacing Employees. Center for American Progress.

Hom, P. W. et al.(2017). One hundred years of employee turnover theory and research. *Journal of Applied Psychology, 102*(3), pp.530~545.

Kulkarni, M. B. & Mohanty, V.(2022). An experiential study on drivers of employee experience. *International Journal of Management and Humanities, 8*(12), pp.1~7.

Sherpact(2025.5.14). AI offboarding: Secure, seamless exit automation.

09
신뢰의 조건, AI 윤리와 수용

AI는 HR 혁신의 중심에 서 있지만, 그림자도 존재한다. 기술이 조직의 통제를 강화할수록 직원은 감시받는 존재로 느끼고, 이는 불안과 저항을 키운다. AI는 도구이지 결정권자가 아니다. 기술이 HR의 중심이 되는 순간, 조직은 인간다움을 잃을 위험에 처한다.

AI와 기자?

AI 도입의 그림자

AI 도입은 직원들에게 새로운 불안과 윤리적 고민을 안겨 주고 있다. 동아일보 기사에 따르면 '첨단 기술로 인해 내 일자리가 위협받을 수 있다'는 주장에 한국인의 35.4%가 동의해, 이탈리아에 이어 두 번째로 높은 불안 수준을 보였다(장은지, 2024).

AI는 생산성 향상에 대한 기대와 동시에 직원 경험의 변화에 대한 우려를 불러일으키고 있으며, 이는 프라이버시, 자율성과 의사 결정권, 업무 감시, 기술 수용 심리 등의 쟁점으로 나타나고 있다.

AI 기술이 가져오는 즉각적인 윤리적 논란은 직원의 프라이버시 침해 우려다. 기업들이 업무 효율을 높이기 위해 AI를 도입하면서, 직원들의 업무 데이터와 개인정보가 대량 수집, 분석되고 있다. 예를 들어 채팅 내용 모니터링, 이메일 자동 분석, 위치 기반 근태 관리, CCTV 및 컴퓨터 사용 추적 등 AI를 활용한 감시 기술은 자칫 직원들의 사생활 영역을 침범할 소지가 크다. 한국 개인정보보호위원회(PIPC)도 이러한 문제를 인식해, 2023년 8월 'AI 시대 개인정보의 안전한 활용'에 관한 지침을 발표하고, AI 활용 시 개인정보 침해 위험을 최소화할 수 있는 원칙들을 제시했다. 2024년 3월 개정된 개인정보

보호법 제37조의2에 따라, 전적으로 자동화된 의사 결정이 채용이나 인사 평가 등에 사용될 경우 정보 주체(직원)의 권리를 보호하기 위한 가이드라인도 마련됐다. 이는 AI 알고리즘의 불투명성으로 인한 개인정보 오·남용이나 차별적 판단으로부터 직원들을 보호하기 위한 조치다. 이처럼 AI 도입이 개인정보 수집·활용을 동반할 때, 직원 프라이버시를 어떻게 보호할 것인가는 기업 윤리의 중요한 과제가 되고 있다.

AI가 의사 결정 과정에 깊숙이 개입하면 직원의 업무 자율성과 의사 결정권이 약화될 수 있다는 우려가 있다. 과거에는 사람의 판단과 경험에 의존하던 업무 결정들이 이제 알고리즘이나 AI 권고에 의해 좌우되는 사례가 늘고 있다. 인력 배치, 업무 일정 조정 등에서 AI의 판단을 따르다 보면, 개별 직원의 판단 영역이 축소되고 일하는 방식의 자기 통제감이 줄어들 수 있다. AI가 자기 역할을 대체하거나 자신의 결정 권한을 침범한다고 인식할 경우, 직무 통제력 상실감과 좌절감을 초래할 수 있다는 것이다. 특히 AI가 내리는 결정에 사람이 개입하지 못하거나 이유를 설명받지 못하는 상황이 잦아지면, 직원들은 의사 결정에 대한 주도권을 상실했다고 느끼게 된다. 이는 업무 만족도를 떨어뜨리고 조직에 대한 신뢰를 해칠 위험이 있다. 가령 AI 알고리즘이 제시한 지표대로 업무를 수행하라는 압력이 커지면 직원들은 창의적 판단이나 자기 주도적 의사 결정의 기회가 줄었다고 느낄 수 있다. 이러한 자율성 저해에 대한 우려는 기술에 대한 심리적 저항으로도 이어질 수 있다. AI가 인간의 보조자가 아닌 통제자로 받아들여지는 순간, 직원들의 반감이 커지고 기술 도입 효과도 감소할 가능성이 높다.

2019년 6월, 다국적 제약사 MSD 코리아의 영업 직원들은 회사의 과도한 직원 모니터링 프로그램에 반발해 서울 본사 앞에서 시위를 벌였다(Nam, 2019). 이들은 차량 GPS와 휴대폰 앱으로 실시간 위치를 추적하며 영업 활동을 감시하는 이른바 '셀프-어슈어런스' 시스템이 '과도한 감시(excessive surveillance)'로 사생활 침해이자 인권 침해라고 규탄했다. 이 사례는 AI와 IT 기술을 활용한 전자적 감시가 직원들에게 얼마나 큰 심리적 부담을 줄 수 있는지를 단적으로 보여 준다. 많은 기업들이 업무 효율성과 보안을 이유로 직원 모니터링을 강화하고 있는데, 이메일 모니터링, 키보드 입력 추적, 화상회의 녹화, 심지어 근무자 감정 분석 AI까지 등장하면서 상시 감시 사회에 대한 두려움이 커지고 있다. 연구에 의하면 전자 성과 감시(EPM)는 직원들의 스트레스 수준을 유의미하게 높이고 공정성 인식과 직무 만족도를 낮추는 경향이 있다. '감시를 받는다는 그 자체만으로도 스트레스가 증가한다'는 메타분석 결과가 보고될 정도다(Ravid et al., 2023).

AI 도입에 대한 직원들의 반응은 일률적이지 않으며, 수용과 저항 사이에는 여러 심리·문화적 요인이 작용한다. 가장 큰 요인 중 하나는 '위협 인식'이다. 직원들이 AI를 업무 보조 도구로 인식하면 수용도가 높지만, 잠재적 경쟁자나 위협으로 인식하면 저항이 커진다. 기술 수용 여부는 '이 기술이 내게 이득을 줄 것인가, 해를 끼칠 것인가'라는 인식에 달려 있으며, 조직은 직원들이 AI를 협력적 파트너로 볼 수 있도록 지원해야 한다. 교육을 통해 기술에 대한 자신감과 숙련도를 높이고, AI가 인간을 보완하는 역할임을 투명하게 소통하면 직원들의 심리적 저항을 줄일 수 있다.

직원 경험 여정별 주요 이슈

AI 기술이 직원의 라이프사이클 전반에 걸쳐 적용되며 많은 이점을 제공하지만, 동시에 복합적인 이슈들도 야기한다. 인재의 유치, 온보딩, 학습과 개발, 성과 관리, 이직 예방, 오프보딩 등 각 단계에서 AI 도입으로 인해 발생하는 과제들이 존재한다.

AI 채용 시스템은 전통적인 인사 판단을 자동화하면서 '효율성'이라는 명목하에 점점 더 넓은 권한을 부여받고 있다. 이 과정에서 핵심적으로 떠오르는 윤리적 질문은 바로 '책임은 누구에게 있는가?'다. 알고리즘이 독자적인 판단을 내리는 구조라면, 그 판단이 잘못됐을 경우 책임 주체는 명확히 누구인가?

미국의 '2023 알고리즘 책임법(Algorithmic Accountability Act of 2023)'은 이러한 문제를 선제적으로 규율하려는 시도다. 이 법은 자동화된 시스템이 차별, 편향, 정보 비대칭을 유발할 수 있음을 전제로, 기업에 영향평가(impact assessment), 편향 감사(bias audit), 설명가능성 확보를 의무화한다. 이는 윤리적 AI 채용을 단순히 '선택'이 아닌 제도적 책무로 규정한다(Algorithmic Accountability Act, 2023).

한국은 채용 알고리즘에 대한 법적 기준이 상대적으로 미비하다고 볼 수 있다. 개인정보보호법 제37조의2는 정보 주체에게 자동화된 결정에 대한 설명 요구 권한을 부여하고 있지만, 실제로는 기술적, 운영적 설명 시스템이 부재한 경우가 대부분이다. 기업은 'AI가 그렇게 판단했다'는 논리를 내세우지만, 이는 기술에 윤리적 책임을 떠넘기는 방식이며 조직의 리스크로 되돌아올 수 있다.

임경숙(2021)은 "법조문은 작동 방식과 영향이 투명하게 드러나지만 AI 알고리즘은 시스템의 블랙박스 안에 숨어 있다"며, 이러한 책임 공백이 민주주의와 시장 신뢰에 직접적인 위협이 된다고 지적한다. 실제 사례에서, 특정 알고리즘이 50세 이상 지원자들에게 자동으로 낮은 적합도 점수를 부여한 사실이 드러났을 때, 인사팀은 이 사실조차 인지하지 못한 채 수년간 이를 채용의 기준으로 삼고 있었던 경우도 있었다.

메타(Mehta, 2024)는 "AI가 사전 학습된 데이터의 편향을 그대로 반영해 채용 공정성을 저해할 수 있다"라고 지적한다. 자동화된 평가 도구가 비정형적 역량이나 문화적 적합성을 간과할 수 있다. 해결 방안으로는 알고리즘 투명성 확보, 교차 검증된 훈련데이터 활용, HR 전문가와의 협업을 통한 의사 결정이 제안된다(Stefanakis & Nikolaou, 2024).

AI는 신규 입사자에게 맞춤형 온보딩 콘텐츠를 제공하며 초기 적응을 지원한다. 하지만 지나친 자동화는 인간적 연결을 약화할 위험이 있다. 메타(Mehta, 2024)는 "AI 기반 온보딩 플랫폼은 정서적 환영감, 상호작용적 문화 학습을 완전히 대체할 수 없다"라고 강조한다. HR 또는 인간 리더의 피드백과 멘토링으로 보완돼야 한다. AI는 직무 이력과 성과 데이터를 기반으로 개인화된 학습 경로를 제시한다. 하지만 이 과정에서 직원의 학습 목표가 조직의 효율성 논리에 종속될 위험이 있다. 바그너(Wagner, 2025)는 "AI 기반 추천이 직원의 자율성과 장기 경력 개발 의지를 제한할 수 있다"고 분석했다. 해결책으로는 직원이 선택권을 행사할 수 있는 열린 학습 프레임워크가 제시된다. 또한 슬라맛과 캉(Selamat & Khang, 2024)은 "데이터 기반 학습 경로는 직원의 성장 동기 유발보다, 효율성 중심 운영에 편향되기 쉽다"고 경고했다.

성과 관리 영역에서 AI는 실시간 모니터링, 예측 분석, 자동화된 성과 리포트 작성 등을 통해 관리자에게 필요한 정보를 빠르게 제공하고, 전통적인 평가 업무의 부담을 크게 줄인다. 예를 들어, 업무 처리 속도, 협업 빈도, 커뮤니케이션 패턴 등의 데이터를 실시간으로 수집·분석해 특정 업무에 대한 성과를 정량적으로 제시할 수 있다. 이를 통해 관리자는 더 빠르고 정확한 피드백을 제공할 수 있고, 성과 개선을 위한 맞춤형 코칭이나 리소스 배분도 용이해진다. 그러나 이러한 기술적 진보 뒤에는 직원의 행동이 지나치게 감시되고 있다는 불안감, 그리고 사생활 침해에 대한 우려가 함께 존재한다. 특히 업무 외 시간의 디지털 사용 흔적까지 수집되는 경우, 이는 '감시받는 일상'이라는 심리적 압박을 유발할 수 있다.

성과 데이터의 자동 수집과 분석은 직원에게 감시당하고 있다는 느낌을 주며, 이는 심리적 스트레스와 상호 신뢰 저하로 직결될 수 있다(Khaghanizadeh et al., 2025). 이를 해결하기 위한 방안으로는 첫째, 평가에 활용되는 기준과 데이터 항목을 투명하게 공개하는 것, 둘째, 정보 수집과 활용에 대해 직원의 동의를 명확히 받는 것, 셋째, AI의 분석 결과를 인간 관리자의 해석과 피드백으로 이중 구조화하는 방식이 제시되고 있다. 이러한 방식은 AI를 단독 판단 기제로 사용하지 않도록 하고, 기술 기반 성과 관리가 인적 신뢰 관계와 함께 작동하도록 한다.

AI는 성과뿐만 아니라 이직 가능성을 예측해 조직이 선제적 대응을 할 수 있도록 돕는다. 예를 들어, 성과 하락, 결근 증가, 피드백 참여 저조 등 복합적인 데이터를 기반으로 이직 리스크가 높은 인재를 미리 식별할 수 있다. 그러나 이직 예측 모델이 제시하는 결과를 무비판적으로 수용할 경우, 예측 대상자에게 낙인 효과가 발생하거나 조직 내 차별적 대우로 이어질 수 있는 문제가 있다. 예측 결과가 관리자에 의해 잘못 해석되거나, '떠날 가능성이 높다'는 이유로 중요한 기회에서 배제되는 사례가 생길 수 있다. 이는 실제로 이직 의사가 없던 직원의 동기를 저하시키고, 오히려 이직을 가속화하는 부작용을 낳을 수 있다. 또한 예측 알고리즘의 정확도가 100%가 아니기 때문에, 잘못된 예측은 불필요한 개입, 리소스 낭비, 조직 내 신뢰 붕괴로 이어질 수 있다. AI 기반 예측은 절대적인 판단 기준이 돼서는 안 되며, 반드시 HR 전문가의 정성적 분석과 병행돼야 한다(Racharla, 2025). 특히 예측 모델이 다루는 데이터의 편향, 불완전성, 해석 오류 가능성에 대해 지속적으로 검토하고, AI 결과가 개인의 경력에 미치는 영향을 충분히 고려한 윤리적 판단 구조가 필요하다는 것이다. 결국 AI는 사람의 결정을 돕는 보조 수단이어야 하며, 사람의 판단력을 대체해서는 안 된다.

AI는 퇴사 예정 직원의 데이터 기반 분석을 통해 조직 지식 손실을 최소화하고, 향후 유사 인재 유입 전략을 보완할 수 있게 한다. 하지만 인적 관계 중심의 오프보딩은 기술로 완전히 대체되기 어렵다. 기술 기반 체크리스트 중심의 오프보딩은 조직의 심리적 작별 과정을 소홀히

할 수 있다. 성공적 오프보딩은 후속 인터뷰, 문화적 작별 의례 등 정서적 요소가 결합돼야 한다.

직원의 라이프사이클 전반에 걸친 AI 도입은 업무 효율성과 전략적 관리 측면에서 명백한 장점을 제공한다. 하지만 각 단계에서 고유한 윤리적, 심리적, 문화적 리스크가 수반된다. 따라서 기술은 수단일 뿐, 중심은 여전히 사람이라는 인식이 중요하다. 인간 중심의 원칙과 기술 간 균형을 재설계해야 한다.

참고문헌

임경숙(2021). "인공지능 알고리즘의 윤리에 대한 법적 고찰". 《사회과학연구》, 32(4), 337~364쪽. https://kiss.kstudy.com/Detail/Ar?key=4144088

장은지(2024.10.8). "'AI가 내 업무 위협'… 한국인 불안 10개국중 2위". 동아일보. https://www.donga.com/news/Economy/article/all/20241003/130151741/2

Khaghanizadeh, K. et al.(2025). Designing and developing an innovation ecosystem model for small and medium-sized enterperisrs in Iran with a meta-synthesis approach. *Journal of New Approaches in Management and Marketing, 3*(4), pp.22~43.

Mehta, N. D.(2024). Artificial Intelligence(AI) - Powered Workforce Planning: The Future of Strategic Human Resource Management. *International Journal for Scientific*

Research and Development, 12(7), pp.68~71.

Nam, H.(2019.7.21). MSD Korea hit for 'excessive' employee monitoring. The Korea Times.

Racharla, N. K.(2025). Agentic AI for End-to-End Investment Banking Automation. SSRN. https://papers.ssrn.com/sol3/papers.cfm?abstract_id=5263449

Ravid, D. M. et al.(2023). A meta-analysis of the effects of electronic performance monitoring on work outcomes. *Personnel Psychology, 76*(1), pp.5~40.

Selamat, N. S. B. & Khang, P. W.(2024). SaaS-Based Unified Platform for Client Management with Integrated Website Builder and Project Life Cycle Management. *Innovating Today for a Sustainable Tomorrow*, pp.41~45. MNNF Network.

Stefanakis, A. I. & Nikolaou, I. E.(2024). *Circular economy and sustainable development: a necessary nexus for a sustainable future.* Springer Nature.

U.S. Congress(2023). Algorithmic Accountability Act of 2023. https://www.congress.gov/bill/118th-congress/house-bill/5628/text

Wagner, P.(2025). Exploring the lifecycle of artificial intelligence – deep learning for 1D to 4D biomedical data. Technische Universitaet Berlin (Germany).

10
미래의 조직, 경험의 미래

AI는 이제 단순한 HR 도구가 아닌, '구성원'의 일부가 되고 있다. 채용, 학습, 성과 관리, 이직 관리 등 전 주기에 걸쳐 사람과 AI가 함께 일하는 시대, HR은 사람만이 아닌 '사람+에이전트'를 다루는 하이브리드 시스템으로 전환 중이다. HR의 역할과 관점을 근본적으로 재구성해야 한다. 이제 HR의 과제는 기술과 사람의 협업 경험을 설계하는 것이다.

AI와 미래 의사?

하이브리드 HR

AI는 HR의 근본적인 패러다임 전환을 촉진하고 있다. 특히 최근 주목받는 추론모델과 멀티에이전트 시스템 등의 발전은 범용 AI(Artificial General Intelligence, AGI) 시대를 앞당기고 있다. HR은 사람을 관리하는 기능에서 벗어나, 사람과 AI가 공존하고 협력하는 하이브리드 시스템으로 진화하고 있다(이중학, 2025).

전통적 HR은 인간 중심으로 구성된 프로세스를 기반으로 했다. 이제 조직 내 '구성원의 정의'를 다시 묻는다. '구성원'에는 인간뿐 아니라 AI 에이전트도 포함된다. 채용, 교육, 피드백, 평가, 이직 관리 등 HR의 전 주기에서 사람과 AI가 상호작용하는 구조가 점차 확대되고 있으며, 이는 기존 HR 시스템이 지닌 역할, 책임, 관계의 구도를 다시 설계할 필요성을 제기하고 있다.

AGI는 인간과 유사한 수준의 지능을 통해 다양한 맥락을 이해하고 문제를 해결할 수 있는 AI로, 기존의 특정 업무에 특화된 AI보다 훨씬 더 유연하고 포괄적인 인지능력을 갖는다. 예를 들어 채용 후보의 역량 평가, 직무 적합성 판단, 경력 경로 제안 등의 업무를 수행할 때, AGI는 단편적 판단이 아닌 복합적 정보와 상황을 통합해 대응할 수 있는 가능성을 제공한다.

멀티에이전트 시스템은 여러 개의 AI 에이전트가 환경 속에서 자율적으로 협업하거나 경쟁하며 의사 결정을 내리는 시스템이다. 예를 들어 에이전트 기반 채용 시스템을 통해 각 AI 에이전트가 이력서 분석, 면접 응답 평가, 문화 적합성 예측 등의 역할을 나눠 수행함으로써 효율성과 정확성을 동시에 높일 수 있다. 교육 및 개발 추천 에이전트는 직원의 과거 이력과 학습 스타일을 분석해 개인화된 성장 경로를 제안하고, 상호 피드백을 통해 지속적으로 학습을 최적화한다. 성과 및 감정 분석 에이전트는 정서적 변화, 피로도, 이직 의향 등의 데이터를 실시간으로 분석해 조직 차원의 선제 대응을 가능하게 한다.

'하이브리드 HR'은 두 종류의 구성원이 상호 보완적으로 작동하는 개념이다. AI와 인간이 서로의 강점을 활용해 더 나은 판단을 내리는 것'이다. 사람인 휴먼 에이전트(Human Agent)는 공감, 윤리적 판단, 관계 구축, 맥락 해석 등 인간 중심의 가치를 제공한다. 예를 들어 구성원의 미묘한 정서나 장기적인 문화 방향성을 읽어 내는 일은 여전히 인간의 영역이다. AI 에이전트(Artificial Agent)는 방대한 데이터를 기반으로 빠르고 정확한 정량적 분석을 수행한다. 반복적이고 규칙 기반의 업무는

물론, 잠재적 리스크 감지나 성과 예측 등의 분야에서 탁월한 성능을 발휘한다. 일부 기업에서는 채용 프로세스에서 AI가 1차 평가를 수행하고, 인간 HR 담당자가 최종 의사 결정을 내리는 형태의 협력 구조를 도입하고 있다. 이 구조는 인간의 직관과 윤리적 판단, AI의 속도와 정확성을 조화롭게 결합함으로써 HR 의사 결정의 질을 높인다.

AI 에이전트의 HR

AI 에이전트는 인간이 설정한 목표를 달성하기 위해 환경과 상호작용하며 자율적으로 행동하는 소프트웨어 시스템을 의미한다. AI 에이전트는 단순한 도구를 넘어, 자율적으로 의사 결정을 내리고 행동함으로써 조직 내에서 인간 구성원과 같은 유사한 역할을 수행할 수 있다. 실제 조사에서도 AI가 코드 작성이나 데이터 분석 같은 전문 업무를 자율적으로 수행하는 것을 신뢰한다는 응답이 높아지는 등 AI에게 업무 파트너로서 역할을 부여하는 경향이 뚜렷해지고 있다(WorkLife, 2024).

AI 에이전트가 조직에 본격적으로 '동료'로서 들어오면서 HR 부서는 구성원을 대하듯 AI를 다루는 인사관리 역할을 수행해야 한다. 비즈니스 인사이더(Business

Insider)는 최근 AI 에이전트 직업 플랫폼(Job for Agent)이 상용화돼 있음을 보도했는데, 팟캐스트 편집, 검색 분석, 계약직 변호사 등 12개 AI 에이전트에 대한 구인 광고가 플랫폼에 올라와 있다(Business Insider, 2025). HR 부서는 AI 에이전트를 도입할 때도 마치 인재를 채용하듯 신중한 평가와 선별 절차를 거쳐야 한다. 도입하려는 AI의 성능 지표와 업무 적합도의 기준을 만들고 선별에 활용해야 한다. HR AI 에이전트의 요건으로 빠른 응답 속도(Fast Response Time), 정확한 정보 추출 능력(Extractive Capability), 다양한 HR 업무 수행 능력(Versatility), 높은 보안 및 기밀 유지(Confidentiality)를 제시할 수 있다(Xu et al., 2024).

AI 에이전트를 선별하는 과정에서 마치 사람을 채용하듯 해당 에이전트의 기본 구성 요소인 기획, 도구 사용, 기억력, 행동 능력까지 폭넓게 검토해야 한다. 구체적으로는 기획 단계에서 자기 비판적 성찰(self-critic)과 평가(evaluation)가 가능한지 살펴보고 멀티모달 환경에서 다양한 도구를 활용할 수 있는 역량도 중요하게 평가해야 한다. HR 부서는 AI 에이전트가 이러한 핵심 역량을 모두 갖췄는지를 면밀히 확인한 뒤 최적의 설루션을 선정하는 선별 업무를 수행해야 한다(PwC, 2025).

AI 에이전트를 팀에 통합시키는 과정은 신입 직원 온보딩에 준하는 세심한 접근이 필요하다. AI 에이전트가 실제 업무에서 전문성을 발휘하려면 해당 도메인에 특화된 맞춤형 교육 자료와 시뮬레이션 기회를 제공해 초기 학습 환경을 마련해야 하며, 이 과정에서 AI 에이전트와 상호작용하는 방법에 대한 직원 교육도 병행돼야 한다.

인간 신입사원에게 제공하는 교육 과정처럼 AI도 조직의 데이터와 업무 프로세스를 충분히 학습하도록 지원하는 것이 핵심이며, 이를 위해서는 우선 대량의 고품질 데이터를 수집하고, 해당 데이터를 AI가 이해할 수 있는 형식으로 전처리하는 단계가 선행돼야 한다. 그 후에 적합한 알고리즘과 모델을 선택해 훈련을 진행하고, 테스트 데이터를 활용해 모델의 성능을 평가하며 필요시 하이퍼 파라미터 조정이나 추가 학습을 통해 개선해야 한다. 이러한 프로세스는 환경 변화와 새로운 데이터에 끊임없이 적응하는 지속적 학습을 지원해야 한다. 이 과정은 직원 역량 개발을 위해 코칭과 교육 훈련을 제공하는 것과 유사하며, 데이터 인프라, 기술적 전문성, 그리고 HR의 적극적 개입이 결합된 통합적 교육 시스템을 마련해야 한다.

AI 에이전트에게도 성과에 따른 인센티브 개념을 적용할 수 있을까? 물론 AI는 인간처럼 금전적 보상을 인식하지 못하지만 보상 설계 개념을 알고리즘으로 활용할 수 있다. 강화학습의 맥락에서 보상함수는 AI의 행동 방향을 결정짓는 핵심 요소인데, 이 보상함수를 어떻게 설계하느냐가 곧 AI의 성과 관리 장치라고 볼 수 있다. AI 에이전트의 보상함수는 에이전트가 달성해야 할 전체 목표와 부합하도록 설계돼야 한다는 지적처럼, 조직이 원하는 성과와 성과지표에 맞게 AI의 의사 결정에 가중치를 부여하는 것이 중요하다. 인사 부서는 경영진 및 개발자와 함께 AI 에이전트의 성과평가 기준을 설정하고, 이에 따른 알고리즘적 보상 체계를 디자인하는 역할을 맡는다. 이는 일종의 디지털 보상을 설계하는 작업으로, 잘 설계된 보상 체계는 AI 에이전트가 조직이 원하는 방향으로 행동하도록 유도해 높은 성과를 내도록 해 줄 것이다.

HR 부서는 AI 에이전트의 업무 성과를 지속적으로 모니터링하고 관리하는 체계를 마련해야 한다. AI 에이전트가 수행하는 역할에 적합한 주요 성과 지표(Key Performance Indicator, KPI)를 설정하고, 정기적으로 성과를 측정해 피드백과 교정을 반복하는 것이다. 이를 위해서는 강화학습의 원리가 유용하게 활용될 수 있는데, 딥시크 R1 제로(DeepSeek-R1-Zero) 사례처럼 명확한 평가 기준(정확성, 형식 정확성 등)을 설정하고, 목표 달성 정도에 따라 인간의 긍정적 피드백 또는 보상을 제공하면 AI 에이전트가 스스로 최적화 과정을 거치면서 성능을 발전시킬 수 있다(DeepSeek-AI et al., 2025).

AI 에이전트가 인간 팀원과 함께 업무를 수행하는 환경이라면, 협업으로 인한 생산성 향상이나 오류 감소율 같은 지표를 종합적으로 측정해 AI-인간 시너지 효과를 관리하는 것이 바람직하다. AI 에이전트와 인간이 함께 팀으로 작업할 경우, 단순히 AI 에이전트 개별의 성과만을 평가하는 것으로는 부족하다. 조직 내에서 사람+AI가 함께 창출하는 시너지 효과를 측정하기 위해서는, 협업 효율성, 의사소통 원활성, 문제 해결 과정에서의 상호보완 효과 등 공동 성과를 반영하는 새로운 KPI를 도입할 필요가 있다. 최근 연구에서는 인간-기계 협업 모델이 단독 작업 대비 20% 이상의 생산성 향상을 가져올 수 있음을 보고했으며(Dell'Acqua et al., 2023), AI 도입으로 인한 협업 효과를 체계적으로 분석하기 위한 정교한 평가가 필요하다.

AI의 일상화와 일 경험의 전환

AI가 조직의 깊숙한 곳까지 스며들어 가까운 시간 안에 하루 중 업무의 절반 이상은 AI를 통과하고, 결정과 판단의 많은 순간이 AI의 '추천'이라는 이름으로 대체될 수 있다. 일하는 사람의 경험, 역할 인식, 그리고 사고 습관 자체를 변화시킬 것이다.

호프만 교수 연구팀의 분석에 따르면, 생성형 AI의 도입은 개발자들로 하여금 협업과 관리 활동의 부담을 줄이고, 다시 '코딩'이라는 핵심 역량에 집중할 수 있게 했다(Hoffmann et al., 2024). 이는 단순히 AI가 업무를 덜어 준다는 기술적 설명을 넘어, 사람이 에너지를 쓰고 싶은 영역에 집중할 수 있는 구조적 여건을 만들어 준다는 점에서 의미가 있다. 많은 구성원은 업무 중 상당 부분을 본래 하고 싶었던 일보다 행정적인 역할이나 반복 작업에 소모하고 있다. AI가 보조 업무를 흡수할수록, 구성원은 더 의미 있는 일에 몰입하게 된다. 몰입과 전문성 강화라는 점에서 직원 경험은 더 풍요로워질 수 있다.

실험적 업무가 늘어난다. 특히 생성 AI는 새로운 언어, 프레임워크, 아이디어를 실험해 보는 데 효과적이다. 학습 곡선을 단축하고, 도전 비용을 낮추기 때문에, 구성원은 더 쉽게 '새로운 시도'를 하게 된다. 이는 개인

수준에서의 성장 경험을 자극하며, 조직 전반의 창의성과 실험성의 총량을 증가시킨다. 이 과정에서 구성원의 자율적 학습 역량, AI 실험력은 더 중요한 역량으로 부상한다.

능력 있는 소수보다 '학습하는 다수'의 시대가 온다. AI는 기존의 고숙련자가 독점하던 영역을 중·저숙련자에게도 개방한다. 특히 생성 AI는 중위 이하 역량을 가진 개발자들에게 더 큰 성과 향상을 이끌어 냈다. 이는 조직 내 역량 편차를 줄이는 긍정적 효과를 기대하게 한다. '똑똑한 몇 명'이 아니라, 빠르게 학습하고 적응하는 다수가 중심이 되는 조직이 경쟁력을 가지게 될 것이다. AI가 모든 걸 해 줄 것이라는 기대는 위험하다. AI를 자주 사용하는 사람일수록 비판적 사고 능력이 낮아지는 경향을 보이는 연구 결과가 있다(Gerlich, 2025). 특히 젊은 세대일수록, AI의 판단에 의존하고, 스스로 분석하거나 의심하지 않게 되는 현상이 두드러졌다. 이는 조직 내에 'AI가 말했으니 괜찮겠지'라는 무비판적 수용의 문화가 자리 잡을 위험을 시사한다.

AI는 단순한 도구를 넘어, 조직 내 경험을 조율하는 새로운 동반자로 자리 잡고 있다. 그러나 방향을 잃은 기술 도입은 생각을 멈추게 하고, 의미 없는 효율만을 남길 수 있다. 우리는 '더 빠르게'가 아니라, '더 현명하게' 나아가야 한다. 기술을 중심에 두는 것이 아니라, 사람을 중심에 두고 기술을 설계해야 한다. AI 시대의 직원 경험 전략은 어디까지나 인간 중심이어야 하며, 그 전략의 중심에는 자율적 학습, 비판적 사고, 그리고 책임 있는 판단이 자리해야 한다. 조직의 미래는 기술이 아닌, 기술을 다루는 사람의 성숙함과 통찰에 의해 결정될 것이다.

참고문헌

이중학(2025). 《넥스트 워커: 준비된 자는 증강되고 멈추는 자는 대체된다》. 클라우드나인.

Business Insider(2025.2). Two founders built a jobs board for AI agents. Humans need not apply https://www.businessinsider.com/ai-agents-jobs-board-ad-replacing-human-skills-2025-2

DeepSeek-AI et al.(2025). DeepSeek-R1: Incentivizing reasoning capability in LLMs via reinforcement learning. arXiv:2501.12948.

Dell'Acqua, F. et al.(2023). Field experimental evidence of the effects of AI on knowledge worker productivity and quality. Harvard Business School Working Paper, No.24-013.

Gerlich, M.(2025). AI tools in society: Impacts on cognitive offloading and the future of critical thinking. *Societies, 15*(1), 6.

Hoffmann, M. et al.(2024). Generative AI and the Nature of

Work. CESifo Working Paper, No.11479.
PwC(2025). 2025 AI business predictions.
https://www.pwc.com/us/en/tech-effect/ai-analytics/ai-predictions.html
WorkLife(2024.6. 27). Salesforce finds AI co-workers are officially here and people are OK with it.
https://www.worklife.news/technology/ai-coworker/
Xu, W. et al.(2024). HR-Agent: A task-oriented dialogue (TOD) LLM agent tailored for HR applications. arXiv:2410.11239.

윤명훈

AI 기반 채용과 AX 전환 설루션을 제공하는 원티드랩에서 사업총괄로 재직 중이다. 대기업, 유니콘 기업, 스타트업 등 다양한 조직에서 HR과 디지털 혁신을 주도해 온 경험을 바탕으로, 기술·사람·데이터를 연결하여 더 나은 조직과 일의 방식을 설계하는 데 주력하고 있다.
중앙대학교에서 HRD 박사학위를 취득했으며, 현재 중앙대학교와 가천대학교, 서울과학종합대학원에서 겸임교수와 객원교수로 활동 중이다. 《AI와 인재 채용》(2025), 《피플 애널리스트들이 온다》(2024), 《스타트업 HR팀장들》(2024) 등 저서를 집필하며 HR의 미래를 현장의 언어로 풀어내고 있다. HR, AI, 피플 애널리틱스, 조직 문화를 주제로 대학, 기업, 공공기관에서 강의와 자문을 진행하며, 비즈니스 현장과 학술 연구를 연결하는 실무 중심의 인사이트를 제공한다.